L'ENTREPRISE RÉCONCILIÉE

Comment libérer son potentiel économique et humain

Jean-Marie Descarpentries
Philippe Korda

L'ENTREPRISE RÉCONCILIÉE

Comment libérer son potentiel économique et humain

Albin Michel

Pour Renaud,
en souvenir de Philippe.

Jean-Marie Descarpentries

Pour mon père, Jean-Pierre Korda,
et à la mémoire de mes deux grands-pères,
Pierre Korda et Jean Prandi.

Philippe Korda

INTRODUCTION

Oser diriger autrement

L'entreprise subit des bouleversements de plus en plus rapides de son environnement. Les rentes de situation volent en éclats.

La mondialisation crée, détruit et déplace des millions d'emplois. De nouveaux concurrents apparaissent, de nouvelles normes s'imposent, le niveau d'exigence des clients s'accroît, les consommateurs deviennent zappeurs, les compétences clés sont de plus en plus difficiles à fidéliser. Partout, les révolutions technologiques se succèdent à un rythme accéléré. La prise de conscience du réchauffement climatique et de l'épuisement des ressources naturelles va impacter des pans entiers d'activité. Les rendements attendus par les marchés financiers ont atteint des sommets pendant que les coûts de main-d'œuvre et de matières premières augmentent et qu'une compétition féroce pèse sur les prix de vente.

Dans cet environnement, toutes les entreprises font des efforts considérables pour s'adapter. Beaucoup de petites et moyennes entreprises souffrent, tandis que la plupart des grandes entreprises multiplient les opérations de concentration, accélèrent leurs restructurations, déploient d'innombrables projets. Beaucoup se focalisent sur leurs résultats financiers à court terme. L'amélioration du rendement des capitaux investis provient de plus en plus de la diminution des coûts – notamment les coûts de la main-d'œuvre, considérée comme une variable d'ajustement –, de rachats d'actions et d'opérations spéculatives. Certains dirigeants en arrivent même à verser à leurs actionnaires des dividendes exceptionnels plutôt qu'à rechercher des opportunités de développement.

C'est dans ce contexte que les entreprises perdent aujourd'hui massivement la confiance, l'attachement et l'engagement de leurs salariés. En effet, collaborateurs et managers ont bien du mal à suivre. Ils sont inquiets des conséquences de la mondialisation, déçus par l'absence de vision autre que financière, désorientés par l'ampleur des changements et souvent déresponsabilisés par des organisations complexes et encombrées de règles et de procédures. Beaucoup ne perçoivent pas l'urgence d'adopter de nouvelles priorités, de nouvelles méthodes de travail et, souvent, de nouveaux comportements. Plus grave : ils sont de plus en plus nombreux à être indifférents aux buts et aux priorités de leur entreprise. Certains ont renoncé à trouver un sens à leur travail. Les plus fragiles perdent pied : la récente et effrayante série de suicides au sein même de plusieurs grandes entreprises a ainsi attiré l'attention des médias sur la profonde désespérance qui affecte une partie croissante des salariés.

Il n'est évidemment pas facile de gérer une entreprise dans ces conditions. D'autant moins que les méthodes et outils traditionnels de management, quoique – ou parce que – de plus en plus sophistiqués, sont à bout de souffle : par exemple, les plans, les budgets et même les entretiens annuels d'évaluation sont presque partout largement discrédités et dépourvus de réelle efficacité en comparaison du temps qu'ils consomment.

Sommes-nous alors condamnés à accepter une mondialisation sans but, une évolution technologique sans finalité, un capitalisme sans projet humain, l'entreprise sans âme, le travail sans plaisir et sans fierté ?

Heureusement, de nombreux exemples nous prouvent que les leaders, à tous les niveaux des organisations, ont la possibilité de donner du sens, de découvrir de fabuleux gisements de croissance et de performance encore inexploités et de mobiliser durablement leurs équipes. Les entreprises peuvent ainsi accomplir des progrès considérables, au profit de leurs actionnaires bien sûr, mais aussi de leurs collaborateurs, de leurs clients, de leurs partenaires et de l'environnement sociétal.

Néanmoins, exploiter ces gisements ignorés exige de dépasser les règles traditionnelles du management et d'oser diriger autrement en adoptant de nouveaux modes de pensée et de nouveaux outils.

Notre expérience nous conduit à faire le constat de « l'entreprise écartelée » entre la logique actionnariale et le désamour grandissant des collaborateurs, puis à proposer deux concepts simples et fondamentaux et quatre leviers d'action encore largement inexploités.

Le premier concept est « l'obsession du progrès ». L'homme est ainsi fait : il a soif de progrès tout en ayant peur du changement. Encore faut-il bien comprendre comment le progrès chemine dans une organisation, pour y stimuler celui-ci et développer rapidement – et souvent autrement – des atouts compétitifs solides.

Le second concept est celui du « choix cumulatif » : c'est par la poursuite d'objectifs apparemment contradictoires et inconciliables que l'on réalise les véritables percées. Il faut donc passer de la logique du « ou » à la créativité du « et », facteur de mutation. De plus, dans un monde en mutation rapide, ce « et » doit être audacieux.

Les quatre leviers d'action à la disposition des leaders, pour engager leur organisation dans des progrès rapides et durables, sont les « visions économique et humaine », les « tableaux de bord de progrès », « la croissance des actifs immatériels » et le développement de « leaders de leaders ».

Les « visions économique et humaine », couplées aux valeurs partagées, donnent du sens à l'action et rendent inutiles de multiples plans, règles et procédures. Les « tableaux de bord de progrès » deviennent la base d'un nouveau pilotage opérationnel, par opposition aux traditionnels budgets et objectifs. « La croissance des actifs immatériels » devient un outil clé de création de valeur actionnariale. Enfin, les « leaders de leaders » stimulent les talents, l'initiative – plutôt que l'obéissance – et l'optimisme dont les organisations ont besoin : les yeux brillent autour d'eux... et non vers eux !

Notre but est de contribuer à bâtir l'entreprise réconciliée, une entreprise de progrès économique et humain qui retrouve du sens pour toutes les parties prenantes et qui permette au collaborateur d'exploiter le maximum d'espaces de liberté, au cœur d'une mondialisation à laquelle nous proposons de donner pour finalité : par et pour les hommes.

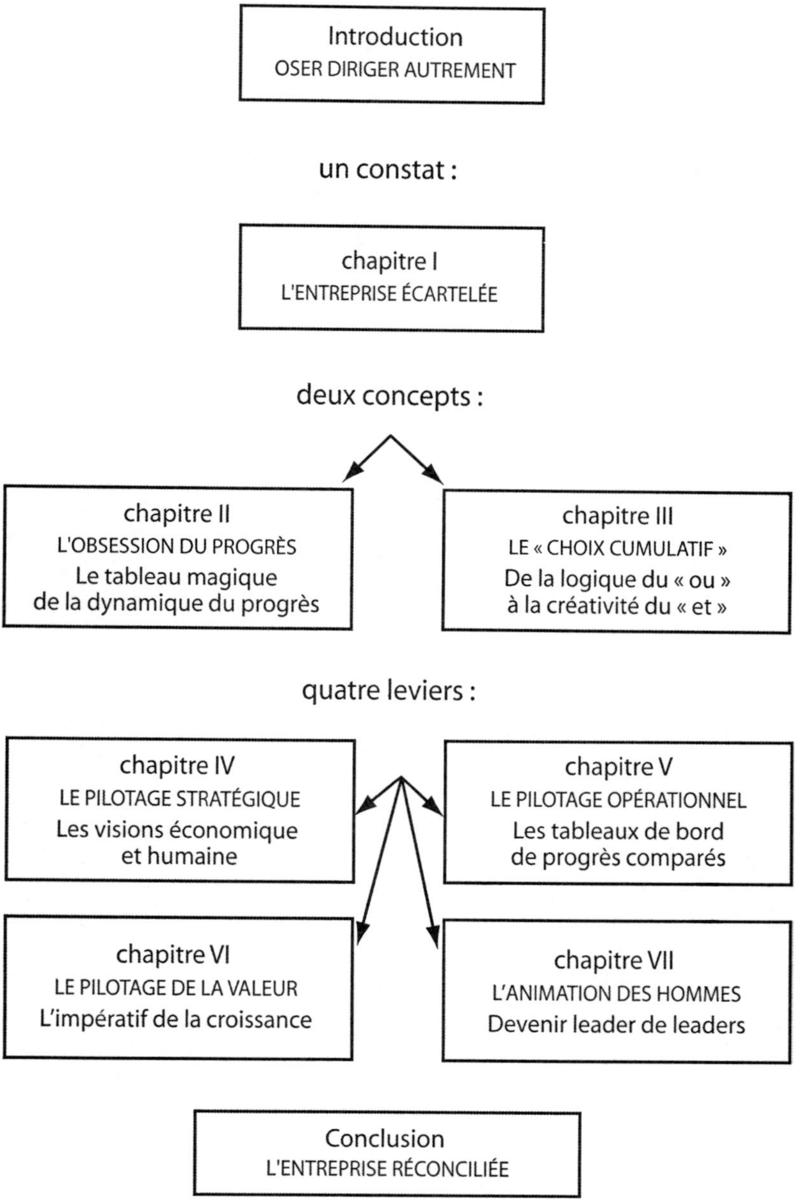
Introduction
OSER DIRIGER AUTREMENT
un constat :
chapitre I
L'ENTREPRISE ÉCARTELÉE
deux concepts :
chapitre II
L'OBSESSION DU PROGRÈS
Le tableau magique
de la dynamique du progrès
chapitre III
LE « CHOIX CUMULATIF »
De la logique du « ou »
à la créativité du « et »
quatre leviers :
chapitre IV
LE PILOTAGE STRATÉGIQUE
Les visions économique
et humaine
chapitre V
LE PILOTAGE OPÉRATIONNEL
Les tableaux de bord
de progrès comparés
chapitre VI
LE PILOTAGE DE LA VALEUR
L'impératif de la croissance
chapitre VII
L'ANIMATION DES HOMMES
Devenir leader de leaders
Conclusion
L'ENTREPRISE RÉCONCILIÉE

I

L’entreprise écartelée

> « La vraie différence entre succès et échec tient à la manière dont l’organisation fait émerger les énergies et les talents de ceux qui la composent. Que fait-elle pour les aider à se mobiliser pour une cause commune ? »
>
> *Thomas Watson, dirigeant historique d’IBM.*

L'entreprise est soumise à des pressions contradictoires d'une intensité croissante.

Elle fait face à un niveau d'exigence considérable de la part des actionnaires en matière de résultats financiers et de perspectives à court terme. Remplacement des dirigeants, fusions imposées, OPA hostiles..., les sanctions tombent de plus en plus vite. L'espérance de vie des entreprises cotées est passée de soixante-cinq ans en moyenne dans les années 1920 à environ dix ans aujourd'hui.

Pour satisfaire les actionnaires, l'entreprise doit parvenir à répondre par ailleurs aux attentes de clients-rois devenus tyrans. La non-qualité n'est plus pardonnée et la sensibilité au prix est aujourd'hui extrême. Le client est zappeur.

L'entreprise doit également composer avec des fournisseurs qui ne sont plus les partenaires dociles d'hier. Déterminés à défendre leurs marges, souvent densifiés et massifiés par les regroupements et la mondialisation, ils sont passés à l'offensive et imposent depuis 2005 des hausses de prix vigoureuses, notamment pour compenser l'envolée du coût des matières premières.

Pouvoirs publics et ONG multiplient également les attaques. En France, sur le marché de la téléphonie mobile, par exemple, le régulateur intervient pour faire baisser les tarifs. Des organisations de consommateurs font imposer aux opérateurs des amendes d'un montant total de plus de 500 millions d'euros, avant de lancer une guérilla judiciaire civile pour faire condamner leurs cibles à payer encore bien davantage... La presse relaie amplement les revendications de taxation exceptionnelle des « superprofits » des entreprises du CAC 40, au moment où certaines de ces dernières luttent contre des OPA conduites par des entreprises étrangères encore plus profitables ou plus ambitieuses.

Dans un contexte aussi agressif, l'entreprise parvient-elle, au moins, à mobiliser sa ressource la plus fondamentale : son personnel ?

Le fabuleux potentiel de Ray B.

Afin d'illustrer nos propos, prenons l'exemple de Ray B., un ami de longue date de l'un des auteurs de ce livre. Américain, vivant dans l'Ouest des États-Unis, il est copilote dans une compagnie américaine de fret aérien.

Ray occupe depuis dix ans le même poste, dans la même entreprise. L'avion dont il partage les commandes chaque semaine est un vieux DC 8 conçu il y a près de cinquante ans. En dix ans, Ray a refusé cinq fois d'être formé au pilotage d'un Airbus ou d'un Boeing techniquement beaucoup plus avancé. Sur DC 8, il a refusé trois fois d'être promu commandant de bord, renonçant ainsi au challenge professionnel, au prestige de la fonction et à l'augmentation de salaire de 50 % qui lui étaient offerts. En effet, dans son entreprise, la gestion des plannings s'effectue en fonction des souhaits exprimés par les personnels par ordre d'ancienneté dans la fonction. Or, Ray tient à choisir ses programmes de vol et maximiser le temps passé auprès de son épouse et de leurs deux enfants. Il veut donc conserver le bénéfice de sa longévité en tant que copilote de DC 8 dans la compagnie et refuse ainsi toute évolution professionnelle.

Vous pensez certainement que Ray manque de courage et d'ambition. Vous l'imaginez comme un garçon un peu terne, sans grand talent ni relief. Ce qui est intéressant, c'est d'apprendre maintenant deux ou trois choses supplémentaires sur Ray.

Après des études universitaires, Ray commence sa carrière avec succès dans le marketing et la vente de produits financiers. Deux ans plus tard, alors qu'il s'ennuie un peu dans ce métier, il participe avec succès aux épreuves de sélection des pilotes de chasse de l'armée américaine. Il veut apprendre à piloter un avion de chasse puis devenir pilote de ligne. Nous sommes en 1989, la guerre froide prend fin et il semble évident aux yeux du monde entier que les États-Unis entrent dans une période de paix sans précédent. Après un an de formation intensive, théorique et pratique, d'exercices en centrifugeuse, de tests physiques impitoyables, d'épreuves épuisantes en tous genres, trente des soixante-quatre élèves ont été éliminés. Ray termine premier de la promotion. Il rejoint aussitôt son unité d'affectation et commence l'entraînement. Six mois plus tard, Saddam Hussein envahit le Koweit. La première guerre du Golfe éclate peu après et Ray est mobilisé. Aux commandes d'un F16, il participe à des opérations aériennes difficiles, déjoue plusieurs attaques de missiles et ramène à chaque fois sa machine intacte sur le porte-avions. Il est promu responsable d'une équipe. À l'issue de la guerre, il accepte de devenir instructeur pour l'OTAN et forme pendant cinq ans plusieurs promotions de nouveaux pilotes. Il demande qu'on lui affecte en priorité les élèves pilotes en grande difficulté, menacés d'exclusion. Pédagogue exceptionnel, il fait réussir ces hommes, souvent issus de pays du tiers-monde et en proie à des problèmes de compréhension de la langue anglaise, en leur redonnant confiance en leurs capacités.

Ray est aussi, à ses heures, un exceptionnel prestidigitateur. Il manipule les cartes, les pièces de monnaie et tous autres objets avec une dextérité telle qu'il peut réaliser trois fois le même tour, à un ou deux mètres de son public, sans que personne ne puisse jamais voir le « truc ». Ce type de talent n'est pas seulement inné : Ray consacre quinze heures par semaine, où qu'il soit, à travailler de nouvelles manipulations. Il étudie livres et vidéos de magiciens professionnels et reproduit méthodiquement chacun des tours qui y sont présentés. Il s'entraîne devant plusieurs miroirs et répète inlassablement les mêmes gestes jusqu'à atteindre la perfection dans l'illusion. Il développe également ses propres tours, tant sur le plan technique que sur celui de l'invention des histoires qui feront rêver le public, le guideront sur de fausses pistes, créant la poésie et l'illusion. Ray présente ses tours régulièrement, soit en privé lors de réunions familiales ou amicales, soit sur scène où il peut remplacer au pied levé des confrères professionnels. Souriant, volubile, s'exprimant avec aisance en anglais et en français, il captive tous ses publics.

Ajoutons que Ray utilise son temps libre pour donner bénévolement des cours de soutien scolaire à l'école fréquentée par ses enfants.

Pour son employeur, Ray est un garçon gentil mais routinier et sans grand potentiel. Pour Ray, l'emploi de copilote est un gagne-pain pratique, peu exigeant, qui lui permet de consacrer du temps à sa famille et à ses hobbies.

Il y a maintenant deux façons d'envisager la situation professionnelle de Ray.

La première consiste à évaluer ce que devrait faire Ray : devrait-il tenter sa chance à Las Vegas et devenir prestidigitateur professionnel ? Ou grimper les échelons dans sa compagnie de fret aérien, devenir commandant de bord puis instructeur pour pilotes de ligne, voire accéder à des responsabilités commerciales ou managériales de haut niveau ? Ou encore créer une entreprise lui permettant de mieux exploiter ses talents ?

La seconde est celle qui nous intéresse. Il s'agit de se demander comment l'entreprise qui emploie Ray peut exploiter le potentiel de celui-ci. Ray a beaucoup à y gagner et l'entreprise aussi.

Ray n'est que copilote alors qu'il pourrait aisément être commandant de bord et même instructeur. Il ne vole que sur un DC 8 alors qu'il a piloté des avions de chasse cent fois plus pointus technologiquement. Sa formation et son expérience en entreprise ne sont pas exploitées. Aucun des talents qu'il mobilise pour la prestidigitation – force de travail, habileté, créativité, aisance à l'oral – ne bénéficie à l'entreprise. Pour finir, en optimisant le système de planning de sa compagnie, il ne travaille que huit jours par mois pour son employeur. En définitive, il ne mobilise qu'une toute petite partie de son potentiel au profit de la compagnie aérienne qui l'emploie. Au fond de lui, cela ne le satisfait pas complètement car, donnant peu, il reçoit peu également. Fataliste, il confie à ses amis : « Je suis une sorte de chauffeur, ce n'est pas passionnant mais, au moins, ça me laisse du temps pour le reste... »

Bien sûr, ce cas est extrême. Peu de collaborateurs sont à la fois pilote de chasse, pédagogue et magicien au plus haut niveau ! Mais toutes les entreprises regorgent de personnalités qui peuvent donner bien davantage.

Imaginez la puissance d'une entreprise qui permettrait à tous ses « Ray » de mettre à profit ne serait-ce que 50 % de leur potentiel dans leur travail... au lieu de 5 % !

Quel dirigeant n'a pas rêvé de doubler, tripler, décupler la puissance de création, de conquête, de mobilisation et de fidélisation de son entreprise ?

Entreprise et salariés : le désamour

La plupart des dirigeants sont aujourd'hui sincèrement convaincus qu'une de leurs priorités est de disposer de collaborateurs toujours plus compétents et motivés. On retrouve donc partout à peu près les mêmes déclarations d'intention et les mêmes slogans : « Les ressources humaines sont notre premier actif », « Développer le capital humain est une de nos priorités... »

Tous consacrent d'ailleurs des moyens importants à cet objectif : les dépenses de formation représentent en France, dans les grandes entreprises, 4 à 6 % de la masse salariale. Il faut y ajouter le coût de la fonction RH * – effectifs RH, prestataires externes, systèmes d'information RH – et surtout le coût du management des personnes, c'est-à-dire le temps consacré par les différents niveaux d'encadrement au suivi rapproché des collaborateurs. Ainsi, une grande entreprise alloue fréquemment au seul développement de ses collaborateurs 3 à 4 % de son chiffre d'affaires soit, en gros, un montant au moins équivalent à celui alloué aux actionnaires sous forme de dividendes.

On devrait donc croiser dans tous les bureaux et usines des femmes et des hommes développant et exploitant pleinement leurs compétences, enthousiastes vis-à-vis des ambitions de leur entreprise, confiants dans leur encadrement et passionnés par leurs tâches. Quelle est, en réalité, l'efficacité de ces moyens ?

En France, les travaux récents les plus complets sur le sujet sont ceux réalisés en 2003 par le laboratoire de sciences sociales de l'École normale supérieure, en partenariat avec l'INSEE, grâce à une enquête[1] approfondie menée auprès de 6 000 Français. Cette enquête révèle que si les motifs de satisfaction l'emportent sur les motifs d'insatisfaction pour 70 % des cadres, ce n'est le cas que pour 30 % des ouvriers non qualifiés et pour seulement 50 % environ des professions intermédiaires. Elle dévoile également que, dans toutes les catégories professionnelles, le niveau de satisfaction des attentes au travail décroît nettement avec l'âge à partir de quarante ans puis, nettement encore, après cinquante ans.

D'autres enquêtes plus récentes ont complété et actua-

* RH : Ressources humaines.

lisé ces données. Ce qui frappe le plus, c'est la vitesse à laquelle la satisfaction au travail se dégrade en France. Ainsi, en 2005, 40 % des salariés se disaient encore « souvent » heureux dans leur travail. Ils n'étaient plus que 33 % en 2007[2].

Tout indique que la « souffrance au travail » se développe en France. La dramatique série de suicides apparue en 2007 dans plusieurs entreprises françaises de premier plan * ne constitue pas un phénomène isolé. Elle est l'expression, dans sa forme la plus extrême, d'un phénomène de mal-être qui concerne un nombre croissant de salariés.

Aux États-Unis, selon une étude récente[3] menée par Harris Interactive auprès de 23 000 Américains employés à plein temps, à des fonctions clés, dans des industries majeures (banque, automobile, télécommunications, industries de la défense, etc.), 20 % seulement se disent enthousiastes quant aux buts de leur entreprise et de leur équipe, et seuls 50 % se déclarent satisfaits du travail qu'ils ont accompli à la fin de la semaine.

Aujourd'hui, le stress est par ailleurs indissociable du travail. En Grande-Bretagne, le stress provoquerait un absentéisme de 13 millions de journées chaque année[4]. Aux États-Unis, le coût des médicaments et traitements antistress atteindrait 300 milliards de dollars par an[5], soit 3 % du PIB.

Enfin, au plan mondial, le travail le plus significatif est sans doute la somme des enquêtes menées par Gallup auprès de 1,7 million de personnes réparties dans

* Cette série de suicides, largement commentée par la presse, a touché des entreprises pourtant parmi les plus remarquables, à beaucoup d'égards, dans leur gestion des ressources humaines : Renault, PSA, Sodexho, EDF.

101 grandes entreprises ou administrations de 63 pays. Ces enquêtes éclairent certaines causes de ce sentiment d'insatisfaction des salariés, en mettant notamment en lumière le faible niveau d'exploitation des compétences des collaborateurs. Ainsi, à la question : « Avez-vous l'occasion de faire quotidiennement, dans votre travail, ce que vous faites le mieux[6] ? », seuls 20 % des sondés répondent nettement par l'affirmative. Ceci ne dépend pas des secteurs ni des métiers puisque, selon les entités au sein d'une même entreprise ou administration, les scores varient de 5 % à 70 %, indépendamment des types d'activités et d'emplois considérés.

On comprend mieux l'immensité de l'enjeu lorsque des tris croisés permettent de constater que les salariés qui disent « faire quotidiennement ce qu'ils font le mieux » se trouvent justement dans les entités affichant une forte productivité, un faible taux de rotation du personnel et un taux élevé de satisfaction des clients.

Une autre enquête[7] menée en 2005 démontre, par ailleurs, la prise de distance grandissante entre les Français et l'entreprise. Ainsi, en seulement sept ans, le nombre de Français déclarant éprouver un « attachement » à l'entreprise ou l'administration qui les emploie est tombé de 35 à 27 %, et ceux qui déclarent un sentiment de « confiance » sont passés de 36 à 20 %. Par ailleurs, la confiance dont bénéficie la catégorie des « chefs d'entreprise » s'est effondrée : 55 % des Français déclarent ne pas leur faire confiance, contre seulement 25 % en 1985. Il faut dire que les entreprises françaises sont considérées comme attentives « aux intérêts de leurs dirigeants » aux yeux de 92 % des Français, mais le sont « aux intérêts de leurs salariés » pour 18 % seulement.

Différents spécialistes[8] ont d'ailleurs récemment tiré le signal d'alarme sur la dégradation des conditions de travail en France : accroissement continu des accidents du travail – accidents graves compris –, doublement des maladies professionnelles reconnues *... Le coût des mauvaises conditions de travail en France est même aujourd'hui estimé par le gouvernement à 3 % du PIB, soit 45 milliards d'euros par an ou encore l'équivalent théorique de dix jours fériés supplémentaires.

Aux États-Unis[9], le niveau de confiance apparaît également faible : seuls 20 % des sondés américains disent avoir une totale confiance en l'entreprise pour laquelle ils travaillent, et le chiffre tombe à 13 % quand la question concerne la confiance dans les autres équipes ou départements.

Outre l'érosion de la confiance, le « déficit de sens » est certainement un des facteurs explicatifs de la dégradation du lien affectif entre le salarié et l'entreprise. Ainsi, seulement 37 % des Américains disent avoir une claire compréhension des buts que poursuit l'organisation dans laquelle ils travaillent. Plus étonnant encore, seuls 20 % affirment qu'ils font clairement le lien entre leurs propres tâches et les buts de leur entreprise ou même de leur équipe. Imaginez une équipe de football[10], dont seuls quatre joueurs sur onze ont compris de quel côté il faut marquer les buts, et deux d'entre eux seulement ont une idée de la façon dont ils pourront y contri-

* Contrairement à une idée reçue, cette dégradation des conditions de travail ne s'explique que partiellement par une pression psychologique accrue : les pathologies physiques progressent en réalité plus vite que les pathologies psychiques.

buer ! Qui parierait sur une telle équipe, à la veille d'un championnat ?

L'effroyable gâchis

De nombreuses études tentent de mesurer, depuis des années, le degré d'« engagement » des salariés dans leur travail. Une enquête menée par le cabinet Towers Perrin en 2005 auprès de 86 000 salariés répartis dans 16 pays indique que la France compte 68 % de salariés « modérément engagés » et seulement 9 % de collaborateurs « fortement engagés ». Mais, surtout, autre révélation, 23 % des salariés français se considèrent « désengagés » ! Ce chiffre, énorme, marque un nouvel accroissement de 5 points par rapport à la même enquête réalisée en 2003. La France est aujourd'hui avant-dernière, en Europe (devant la Grèce), en matière de satisfaction au travail. Mais la situation est-elle vraiment différente dans les autres pays ?

En Europe, les chiffres sont assez proches, avec un bon point – relatif – pour l'Allemagne, qui compte 15 % de salariés « fortement engagés » et un mauvais pour l'Italie qui n'en compte que 7 %.

Les scores d'engagement les plus élevés sont rencontrés au Mexique (40 % de « fortement engagés »), au Brésil (31 %) et aux États-Unis (21 %).

Curieusement, c'est dans les pays asiatiques que l'on trouve les plus faibles proportions de salariés se déclarant « fortement engagés » : 8 % en Chine, 7 % en Inde et 2 % au Japon.

Une autre enquête[11], qui emploie une terminologie

légèrement différente, révèle qu'aux États-Unis, 14 % des salariés se disent « activement désengagés », transférant régulièrement leurs sentiments négatifs auprès de leurs collègues de travail. Plus grave encore : le pourcentage de collaborateurs se déclarant « engagés » passe de 38 % à 22 % entre la première et la troisième année passée dans la même entreprise. L'institut Gallup estime que le déficit de productivité des salariés « activement désengagés » coûte actuellement environ 300 milliards de dollars par an à l'économie américaine.

Enfin, une enquête réalisée en 2005 à l'initiative d'AOL auprès de 10 000 salariés américains révèle les ravages sur la productivité de l'utilisation d'internet chez les employés de bureau. La consultation de sites à objet non professionnel, de messageries personnelles, la participation à des forums, etc. représenteraient en moyenne deux heures et neuf minutes par jour et par personne ! Sur la base d'un salaire moyen de 40 000 dollars par an, le coût du « surfer de bureau » serait de 759 milliards de dollars en un an pour toutes les entreprises américaines.

De nombreux travaux ont démontré la corrélation entre les performances économiques d'une entreprise et le niveau d'engagement de ses salariés. Mais il y avait encore un doute sur la nature du lien de causalité : l'entreprise était-elle performante grâce à la motivation des salariés, ou ceux-ci étaient-ils motivés parce que leur entreprise était performante ? Pour la première fois, en 2006, une étude de grande ampleur [12] a apporté une réponse incontestable. Parmi les entreprises observées, celles disposant de salariés hautement motivés ont enregistré sur douze mois une progression de leur résultat d'exploitation de 19,2 %, tandis que celles dont les salariés sont faiblement motivés ont constaté sur la même période une baisse de 32,7 % de ce même indicateur. Quelles que soient les situations de départ, l'écart moyen d'évolution annuelle du résultat d'exploitation entre ces deux types d'entreprises est donc supérieur à 50 points !

En conclusion, l'observation de tous ces chiffres hélas cohérents oblige à constater que la plupart des entreprises fonctionnent avec un bien faible rendement, au prix d'une somme d'efforts – et parfois de souffrances – considérable. S'il n'y a pas toujours un turn-over élevé et donc une « séparation de corps », il y a bien aujourd'hui une « séparation de cœur » entre entreprises et salariés.

Le phénomène est mondial et s'aggrave d'année en année : quand il s'agit de mobiliser le potentiel des collaborateurs, le modèle traditionnel de l'entreprise est clairement en échec. Or, dans une économie du savoir, l'innovation, la productivité et la croissance sont directement liées au degré d'engagement des collaborateurs. Dans un monde dominé par la finance, l'entreprise n'a paradoxalement jamais été aussi dépendante de ses salariés.

À l'écoute des salariés incompris

L'entreprise ne comprend plus ses collaborateurs. Pourtant, de nombreuses études pourraient l'éclairer. En particulier, la grande enquête du laboratoire de sciences sociales de l'École normale supérieure, citée plus haut, nous livre plusieurs clés de compréhension des attentes des personnes au travail aujourd'hui.

Elle nous indique tout d'abord que, par rapport à hier, beaucoup de choses n'ont pas changé. En premier lieu, il apparaît que le travail est et reste une composante essentielle de la vie. Il est même placé en deuxième position dans la représentation du bonheur, bien après la santé mais avant la famille, les enfants, l'amour et l'argent. Contrairement à une idée largement répandue, les jeunes donnent au travail autant d'importance que leurs aînés. Les comparaisons internationales [13] placent les Français au premier rang des pays développés lorsqu'il s'agit de répondre à la question : « Le travail est-il quelque chose de très important dans votre vie ? » De même, les Français sont en proportion plus nombreux que les autres à penser qu'il faut apprendre aux enfants « à travailler dur ».

Ensuite, les enseignements des études menées par Herzberg aux États-Unis, il y a quarante ans, sont confirmés : les motifs d'insatisfaction sont ainsi généralement liés aux conditions du travail – rémunération, horaires, pression de la hiérarchie... –, alors que les motifs de satisfaction sont massivement associés au travail lui-même. Ainsi, la rémunération, par exemple, n'est qu'un élément de motivation marginal : certes, une rémunération trop faible peut démotiver, mais une rémunération excessive ne produira durablement aucune « sur-motivation ». On remarque même que 51 % des personnes qui s'estiment « très mal » payées associent le mot « passion » à leur travail, soit seulement 7 points de moins que parmi les personnes qui se considèrent « très bien » payées. Une corrélation entre motivation et niveau de rémunération est donc loin d'être établie.

Les quatre principaux registres de satisfaction dans le travail, identifiés par l'enquête, sont finalement très classiques. Il s'agit avant tout de la qualité des relations avec les collègues, la hiérarchie, les clients et les fournisseurs internes ou externes. L'enquête montre l'importance de se sentir bien avec les autres, d'« être reconnu à sa juste valeur », d'être écouté. Vient ensuite le sentiment d'utilité *. Nombre de personnes sont satisfaites par le sentiment d'aider, de « s'occuper de », d'« être utile »... Après, seulement, arrive la satisfaction liée aux activités elles-mêmes : fabrication d'un produit, conduite d'un véhicule ou d'une machine, création de documents sur un ordinateur... Trois items récurrents liés au bonheur sont en effet le sentiment de « faire un métier que n'importe qui ne pourrait pas faire », celui de « faire des choses qu'on ne pourrait pas réaliser ailleurs que dans son travail » ou de « faire des choses qui restent ». Enfin s'exprime la satisfaction liée à la découverte : apprentissage, voyages, confrontations à des défis nouveaux. Les deux premiers registres sont plus fortement exprimés par les femmes, les deux autres légèrement plus marqués chez les hommes, mais les quatre sont universels et classiques.

Cependant, deux évolutions sont réelles – et elles s'accélèrent. Et toutes deux concourent à la forte diminution du pouvoir de l'entreprise sur l'individu.

* Une enquête récente apporte d'ailleurs une information intéressante : dans une entreprise, les salariés les plus fortement engagés sont ceux qui pensent pouvoir influer sur la qualité des produits, le service à la clientèle et la rentabilité.

Seulement 10 % du temps consacré au travail

Dans la plupart des pays occidentaux se développe aujourd'hui l'individualisme. L'appartenance à différents groupes sociaux (famille, entreprise, associations, pays, etc.) n'est en effet structurante que jusqu'à un certain point. Peu nombreux sont les gens prêts, aujourd'hui, à donner spontanément leur vie à la demande de leur chef de parti, de leur autorité religieuse ou de leur gouvernement. Le but principal de chacun est ainsi de maximiser sa propre satisfaction matérielle et morale, à titre personnel et éventuellement à l'échelon de sa cellule familiale.

Alors que nous tentons tous d'y parvenir, l'une des principales contraintes que nous avons en commun est de n'avoir qu'une seule vie – ou au moins d'en être convaincus, à tort ou à raison *. Or, pour gérer au mieux cette « vie unique », nous bénéficions depuis quelques décennies de ressources en constante augmentation, parmi lesquelles une espérance de vie toujours plus longue, une maîtrise accrue de la procréation, un pouvoir d'achat renforcé, des moyens de transport plus rapides et plus pratiques, un accès beaucoup plus facile à l'information et un « modèle social » qui nous permet de travailler de moins en moins longtemps.

Face à cela, nous tendons à « multiplier nos vies ». D'une part, en fractionnant de plus en plus des tranches de vie successives : une vie d'étudiant plus longue, une ou plusieurs vies de couple sans enfants, parfois plu-

* Les cultures dans lesquelles on pense que les êtres vivants bénéficient d'un nombre d'existences illimité produisent d'ailleurs des individus moins angoissés et plus détachés !

sieurs vies de famille successives, plusieurs vies professionnelles – on n'entre plus dans une entreprise pour y faire toute sa carrière –, une vie de jeune retraité actif, etc. D'autre part, en menant plusieurs vies de front, c'est-à-dire en investissant de plus en plus largement nos différents rôles sociaux. Une même personne peut ainsi être à la fois mère, fille, conjointe, sœur et amie, collaboratrice, manager et actionnaire, bénévole dans une association de quartier, membre d'un club de sport, de danse ou de lecture, passionnée de cuisine, internaute, élève en cours du soir et, à ses heures, voyageuse à travers le monde. Autrement dit, l'individu moderne n'a plus seulement à concilier une vie professionnelle et une vie privée : il doit mener de front de multiples vies.

Tout ceci conduit à diminuer le sentiment de dépendance de l'individu vis-à-vis de l'organisation qui l'emploie. Avec l'allongement de la durée de la vie, un Français peut espérer vivre 700 000 heures. Sur ce total, il consacre 200 000 à 250 000 heures à dormir, 30 000 à étudier et 67 000 à travailler (sur la base de la durée légale actuelle). Il lui reste 400 000 heures pour faire autre chose. Son temps de travail n'absorbe plus que 10 % de son existence, alors qu'il en représentait naguère près de la moitié [14].

Quelles sont les conséquences pour l'employeur désireux de mobiliser l'attention, la bonne volonté, l'énergie et si possible l'enthousiasme de ses collaborateurs ?

De nouveaux concurrents

La mauvaise nouvelle, c'est que l'entreprise doit affronter une foule de concurrents d'un genre nouveau. Ces concurrents ne sont localisés ni dans les pays émergents, ni sur d'autres marchés. Ils sont dans la tête même des collaborateurs ! Quels sont-ils ? L'employeur précédent – qui n'avait finalement pas que des défauts ! – et celui, éventuel, de demain, chez lequel l'herbe semble tellement plus verte. La famille, également, qui occupe largement les pensées mais aussi parfois les lignes téléphoniques dans les entreprises. Les amis, les amours, l'organisation du prochain week-end du club ou du prochain congrès de l'association. Et puis – merci internet... – la préparation des futures vacances lointaines, la recherche de nouvelles recettes de cuisine ou le suivi de l'actualité littéraire, sportive ou cinématographique.

Pour l'entreprise, l'attention, la bonne volonté, l'énergie et l'enthousiasme du collaborateur doivent être gagnés chaque jour. Jamais il n'a été aussi difficile pour les employeurs de savoir ce que font réellement les salariés pendant leurs heures de travail *. Un technicien après-vente allume son PC : va-t-il traiter une demande client ou préparer ses vacances ? Une chargée d'approvisionnement décroche le téléphone : est-ce pour contacter un fournisseur ou bavarder avec un membre de sa famille ? Beaucoup d'articles de magazine insistent avec raison sur la nécessité, notamment pour les cadres, de ne

* Hormis bien sûr dans des organisations comme les centres d'appel où, au contraire, chaque fait et geste du collaborateur peut être enregistré et analysé.

pas « importer » à l'excès dans sa ou plutôt « ses » vie(s) privée(s) les préoccupations du bureau. Du point de vue de l'entreprise, la préoccupation inverse est également légitime...

Bonne nouvelle, heureusement : cette concurrence n'est pas forcément destructrice ! De nombreuses recherches [15] tendent même à prouver que les individus qui s'investissent dans plusieurs rôles sociaux très différents renforcent des compétences essentielles telles que le sens de l'organisation, l'affirmation de soi et surtout la capacité à surmonter les obstacles et les épreuves. En particulier, ces personnes s'avèrent moins touchées par le stress, moins dépressives, de meilleure humeur, moins malades et souffrent notamment moins de migraines, de brûlures d'estomac ou de douleurs musculaires. Quand ces personnes ont de graves problèmes dans un domaine, elles peuvent se mobiliser ailleurs et autrement et ainsi mieux conserver leur équilibre général. Autant de qualités très utiles à l'entreprise !

Il s'agit donc d'aider les collaborateurs à s'impliquer pleinement dans leur travail, tout en reconnaissant et encourageant leurs autres centres d'intérêt : est-ce si difficile ?

Un modèle à bout de souffle

Au-delà de l'apparition régulière de nouvelles modes et de nouveaux anglicismes, le management des entreprises a, au fond, peu changé depuis quarante ans.

Pourtant, chacun le sait, le monde est devenu plus dur, plus complexe, plus interdépendant et plus imprévisible.

Les nouvelles technologies favorisent l'irruption de nouveaux entrants sur les marchés, avec des modèles économiques le plus souvent en rupture.

Le low cost – voire le gratuit – est l'arme qui déstabilise progressivement tous les marchés : le transport aérien avec Easy Jet ou Ryan Air, la presse quotidienne avec *Metro* ou *20 Minutes*, les télécommunications avec Skype, l'automobile avec la Logan...

L'économie d'échelle est devenue une arme d'utilisation courante pour créer de la valeur. Absorber un concurrent, réduire les moyens humains devenus redondants, utiliser le poids du nouvel ensemble pour accroître la pression sur les fournisseurs et renégocier ses conditions de crédit : c'est tellement tentant que même des entreprises parmi les plus performantes de leur secteur sont à la merci d'une OPA. De toutes les valeurs qui composaient l'indice Dow Jones lors de sa création en 1896, une seule subsiste aujourd'hui *. Au niveau du Standard & Poors 500, il ne reste que 10 % des entreprises présentes il y a cinquante ans.

En outre, la concurrence est devenue mondiale. La Chine bouscule les marchés et redistribue les cartes. Le Japon et la Corée du Sud y exportent déjà davantage qu'aux États-Unis. Le commerce entre l'Inde et la Chine a triplé entre 2001 et 2004 [16]. Le commerce intra-européen représentait 24 % des échanges mondiaux en 1975 ; il ne pèse plus que 20 % aujourd'hui, tandis que les exportations asiatiques vers l'Europe s'accroissent rapidement et représentent 15 % du commerce mondial.

Naturellement, nos entreprises accélèrent leur interna-

* Il s'agit de GE.

tionalisation. Les entreprises du CAC 40 ne réalisent plus en France qu'un tiers de leur chiffre d'affaires en moyenne. L'Europe elle-même tout entière – en incluant la France – ne représente plus que 55 % du chiffre d'affaires pour Total ou Air Liquide, 49 % pour L'Oréal, 31 % pour Thomson, 27 % pour Sanofi Aventis. Ces quarante entreprises sont d'ailleurs aujourd'hui contrôlées à hauteur de 40 % par des investisseurs étrangers, principalement anglo-saxons. Leurs effectifs ont crû de 1,2 million d'emplois au cours des cinq dernières années, mais ils décroissent régulièrement en France.

Le poids des enjeux financiers

L'économie d'aujourd'hui est marquée par la prédominance de la finance et du court terme. Les profits ne cessent de s'accroître, tandis que l'investissement des entreprises stagne *. Les années récentes ont vu la reprise en main des dirigeants par les conseils d'administration ou de surveillance. La capitalisation boursière s'envole ou s'affaisse en fonction des résultats trimestriels, avec parfois des crises brutales comme celles d'août 2007. Il est interdit de décevoir à court terme. La valeur dépend beaucoup moins des actifs matériels et immatériels que des tendances de croissance et de résultats à court terme. Les dirigeants qui ne « délivrent » pas la performance attendue par le marché sont rapidement remerciés : la durée effective des mandats a baissé de plus de 25 % en

* L'investissement des entreprises non financières représente, de façon stable, environ 10 % du PIB en valeur.

dix ans et le taux de départs forcés atteint désormais 31 % aux États-Unis et 42 % en Europe [17]. Ce n'est pourtant pas la rareté des capitaux ou des profits qui provoque cette frénésie : au début 2006, les entreprises du Standard & Poor's totalisaient plus de 500 milliards de dollars de trésorerie. De nombreuses entreprises rachètent massivement leurs propres actions.

Dans ce contexte, l'homme semble parfois être progressivement devenu une simple variable d'ajustement, et le « capital humain » un actif comme les autres, susceptible d'être acheté, vendu ou liquidé en fonction des impératifs financiers. En France, il a été démontré [18] que les aléas de la conjoncture n'affectaient quasiment plus les profits et les dividendes, mais influaient directement sur les salariés : sur quinze ans, le taux de bénéfice est resté étonnamment stable, entre 6,4 % et 8,8 % du chiffre d'affaires, alors que l'évolution de la masse salariale a varié, selon les années, de – 1 % à + 4,8 %.

L'accroissement des profits des entreprises du CAC 40 est dû pour moitié, selon différentes études [19], à la réduction des coûts directement engendrée par la mondialisation : délocalisations directes mais surtout réorientation de la sous-traitance vers les pays à moindre coût. Comble de cruauté pour les personnes concernées, chaque plan de licenciement est généralement salué sur le marché par une poussée de la valeur de l'action.

L'autre moitié de l'accroissement des profits provient de la déformation du partage des revenus en faveur du capital et au détriment du travail : la part des salaires dans la valeur ajoutée ne cesse en effet de décroître. Symbole médiatique de cette évolution, Total a versé en 2006 7 milliards d'euros à ses actionnaires au titre des dividendes et des rachats d'actions, alors que la rémunération de ses 113 000 collaborateurs lui coûtait 6,64 milliards.

Difficile, dans ce contexte, d'espérer mobiliser la confiance et l'enthousiasme des collaborateurs. Difficile, aussi, de croire les discours optimistes affirmant la primauté de l'homme dans l'économie d'aujourd'hui et de demain.... Les humanistes semblent bien avoir perdu la guerre.

Comment bâtir les entreprises de demain avec les méthodes d'avant-hier ?

Au-delà des subtilités de vocabulaire, toutes les entreprises utilisent aujourd'hui des méthodes de management quasi identiques et trois outils fondamentaux similaires : le budget, le management par objectifs et l'entretien annuel d'évaluation. Même les tableaux de chiffres et les présentations se ressemblent, réalisés sur les logiciels universels Excel et Powerpoint.

Le budget – qui s'avère parfois la déclinaison d'un plan pluriannuel – est l'instrument qui détermine les grands équilibres de l'entreprise : le chiffre d'affaire et les coûts, les investissements et leur financement, etc. Il précise les performances attendues des différents secteurs de l'entreprise.

Le management par objectifs consiste à assigner à chaque individu des résultats à atteindre. Les objectifs quantitatifs sont en principe déterminés en fonction du budget et ils sont généralement complétés par des objectifs qualitatifs.

L'entretien annuel est l'occasion d'évaluer la performance de chacun en fonction de son degré d'atteinte des objectifs. Il permet théoriquement au collaborateur de savoir ce qu'on pense de son travail mais aussi d'exprimer ses propres attentes, notamment en termes de formation et de développement de carrière.

Ces trois outils de base sont complétés par un ensemble de démarches et d'instruments de plus en plus sophistiqués qui permettent en principe de prévoir, développer, guider et mesurer toujours mieux les performances : reconception des processus, systèmes d'information intégrés, management de la qualité, *activity based costing*, *balanced scorecard*, organisations matricielles, management par projet[20]...

Viennent également des outils – généralement plus rudimentaires – destinés à stimuler les collaborateurs. Beaucoup relèvent de la carotte – primes, challenges, perspectives de promotions, etc. –, quelques autres s'apparentent au bâton : pressions managériales, mises à l'écart (« placard »), licenciements.

Tout ceci est assurément utile, parfois. Cependant, si les entreprises sont aujourd'hui en échec quand il s'agit de mobiliser en profondeur leurs équipes, c'est parce que le fond même de ce modèle de management est aujourd'hui inadapté.

Le système de management traditionnel, en matière de budget, contraint en effet chaque manager à tenter de négocier le minimum d'objectifs et le maximum de moyens. L'énergie consacrée à cette négociation est souvent au moins égale à celle qui sera déployée pour réaliser les performances attendues.

Plus grave encore, ce système pousse logiquement chaque manager à prendre des « marges de sécurité » : si je dois produire 100 avec dix chefs de service, j'ai intérêt à fixer à chacun un objectif de 12 et non de 10. Chacun de ces chefs de service, s'il a dix collaborateurs, fixera à son tour un objectif individuel de 1,5 et non de 1,2 pour assurer la réalisation de son propre objectif. Tout manager est ainsi mécaniquement incité à mettre ses propres collaborateurs en échec pour assurer sa propre réussite.

Dans la pratique, les objectifs assignés aux managers et aux collaborateurs sont généralement soit tellement flous que l'évaluation des résultats en est largement imprévisible, soit tellement nombreux qu'ils perdent toute signification, soit encore tellement arbitraires qu'ils suscitent indifférence ou découragement. Chacun connaît des exemples dans lesquels des objectifs fixés en début d'année ont perdu tout leur sens six mois plus tard : l'évolution du marché a été contraire aux prévisions, l'organisation a changé deux fois, trois nouveaux projets ont modifié les rôles, quatre problèmes imprévus ont exigé des modifications de priorités, cinq nouveaux produits ou services majeurs sont apparus...

Dans ce système, le collaborateur est logiquement incité à la ruse – plus qu'à l'audace – dans la discussion de ses objectifs, et à l'obéissance – plus qu'à l'initiative – dans son action quotidienne. Il est aussi incité au « lissage » : dès qu'un objectif est atteint, les progrès supplémentaires accessibles sont reportés sur la période suivante.

En définitive, qui peut encore croire que ce modèle traditionnel de management est approprié aujourd'hui ? Qu'il incite les collaborateurs à s'impliquer, à travailler en équipe, à coopérer et à prendre des initiatives ?

On ne bâtira pas les entreprises gagnantes de demain avec les méthodes de management d'avant-hier.

Des raisons d'espérer ?

Ces différents constats seraient décourageants s'il n'existait pas, heureusement, des contre-exemples positifs. Les deux coauteurs de ce livre ne prétendent pas posséder les clés infaillibles du succès en entreprise et encore moins être seuls à détenir celles-ci. Mais, comme beaucoup d'autres, ils peuvent chacun rapporter au moins un exemple vécu de réussite collective à la fois spectaculaire et durable. Attardons-nous sur deux cas concrets.

En 1981, personne ne donne cher de la peau du groupe Carnaud, leader français vieillissant sur un marché traditionnel, celui de l'emballage en fer-blanc. Confrontée à des pertes de 150 millions de francs, l'entreprise ne connaît plus la croissance : son chiffre d'affaires stagne à 4 milliards de francs. Le climat social est difficile.

En trois ans, un plan de redressement permet de redémarrer la croissance organique, de revenir aux bénéfices et de réduire l'endettement. Une charte proposée aux partenaires sociaux prévoit d'éviter tout licenciement « sec » en contrepartie d'une certaine mobilité géographique et fonctionnelle et du progrès de la qualité et de la performance. Cette charte prévoit aussi d'augmenter massivement la formation (+ 25 % par an) pour mieux assurer l'employabilité et de partager les progrès réalisés (bonus, participation, actionnariat).

Après cette phase de redressement, l'entreprise affiche une ambition surprenante : rattraper les géants du secteur en taille et en rentabilité et devenir un nouveau leader européen dans les métiers choisis. S'engage alors une course de vitesse qui passionne et galvanise les équipes. Carnaud augmente fortement son chiffre d'affaires grâce à une croissance interne et externe parfaitement maîtrisée, atteint les standards de rentabilité des meilleurs de la profession puis fusionne avec le groupe britannique Metal Box pour constituer le leader européen et n° 3 mondial du secteur, CarnaudMetalBox.

Devenu star de l'industrie, le groupe attire les clients, les investisseurs en Bourse et les diplômés des meilleures écoles. Le climat social est excellent. En dix ans, le chiffre d'affaires a été multiplié par 6, la valeur de l'action par 55. Sur des marchés moyennement porteurs !

Autre exemple, à une échelle plus modeste mais avec des chiffres tout aussi spectaculaires. Dans le groupe Cegos, leader européen de la formation au management, l'activité de formation commerciale en entreprise est confiée à une division Marketing & Commerciale (MC) qui représente en 1994 environ 30 millions de francs. La rentabilité en est alors exceptionnellement élevée. Cependant, les scores de satisfaction client sont inférieurs aux standards du groupe, la croissance est inégale, le turn-over des consultants est élevé, la qualité du portefeuille clients est médiocre. Le marché est réputé difficile et les principaux leaders souffrent : le n° 1 de l'époque, Learning International, cessera ses activités quelques années plus tard ; le n° 2, Mercuri International, verra son chiffre d'affaires stagner autour de 65 millions de francs pendant les dix années suivantes.

Sur six ans, de 1995 à 2000, MC devient leader incontesté en France. Son chiffre d'affaires passe de 30 à 95 millions de francs, auxquels il faut ajouter les 21 millions de francs générés par les activités nouvelles créées avec succès par la même équipe en Allemagne et en Grande-Bretagne. Dans le même temps, les mesures de « satisfaction client » indiquent chaque année des progrès et propulsent rapidement MC au sommet des benchmarks internes et externes du groupe. De plus, malgré le rythme de travail et la pression engendrés par la croissance, les enquêtes de satisfaction interne démontrent un niveau d'enthousiasme exceptionnel en comparaison avec toutes les enquêtes similaires réalisées dans le groupe et ailleurs. Après deux ans, par exemple[21] : 86 % des collaborateurs de MC se déclarent satisfaits des possibilités d'innover qui leur sont offertes ; 92 % sont satisfaits de leurs relations avec la hiérarchie ; 98 % sont satisfaits de l'autonomie dont ils disposent. Les progrès enregistrés en seulement deux ans, sur ces indicateurs, sont respectivement de 44, 28 et 26 points. Toujours entre 1995 et 2000, le turn-over des consultants se réduit, le niveau des compétences s'élève grâce à l'attrait qu'exerce désormais MC sur les meilleurs professionnels du marché, l'innovation s'accélère, le fonds de commerce évolue vers une clientèle d'entreprises de premier plan, de grands contrats sans précédent sont signés. La rentabilité de MC progresse régulièrement et, à l'issue de la période, a doublé. Plus fondamental encore, la qualité et l'implication des équipes permettent à MC de résister à différentes crises – réorganisations au sein du groupe, départs de plusieurs responsables clés, etc. – et de constituer encore aujourd'hui sur le marché un acteur dynamique, rentable et attractif.

Une entreprise exemplaire

Si un cas de réussite mérite particulièrement d'être étudié, c'est celui de Southwest Airlines[22], une compagnie aérienne de Dallas, qui fascine depuis plus de trente ans, et qui emploie aujourd'hui 32 000 personnes.

Cette entreprise est, en premier lieu, fascinante pour ses actionnaires : elle vient d'achever son trente-cinquième exercice bénéficiaire consécutif, ce qui constitue un cas unique dans le transport aérien. Désignée par *Fortune* pendant chacune des dix dernières années * comme « la compagnie aérienne d'Amérique la plus admirée », elle bénéficie de la plus forte capitalisation boursière de son industrie **. Elle démontre par ailleurs la plus forte productivité du secteur avec sept vols par jour et par avion, grâce notamment à une rotation des avions au sol en seize minutes seulement.

Elle est également très attractive pour les clients : première compagnie low cost, elle est extrêmement compétitive sur le plan des prix mais aussi sur celui de la qualité

* De 1997 à 2006 (série en cours). En 2006, Southwest est même considérée comme l'une des trois entreprises d'Amérique les plus admirées, tous secteurs confondus.

** En septembre 2002, elle a pesé jusqu'à 73 % de la valeur boursière de l'ensemble du secteur aérien américain !

du service. Depuis près de vingt ans, elle surpasse chaque année tous ses concurrents sur l'indicateur du plus faible pourcentage de réclamations clients. Elle a obtenu de nombreuses distinctions pour le plus faible nombre de bagages perdus, le plus grand nombre de vols sans retard, etc. Ces exemples à peine croyables témoignent de l'exceptionnelle qualité du service de Southwest.

Enfin et surtout, cette entreprise est hautement attractive pour ses employés, que le fondateur Herb Kelleher a d'ailleurs toujours placés ouvertement « avant le client et l'actionnaire » dans l'ordre des priorités de l'entreprise. Southwest Airlines a réussi à mobiliser ses salariés de façon étonnante : forte productivité, excellent climat social (une seule grève dans l'histoire de la compagnie), grande polyvalence du personnel. Différentes enquêtes montrent que la grande majorité des employés de Southwest préférerait rester dans cette compagnie, même en cas d'offre d'un concurrent assortie d'un salaire nettement supérieur. Le niveau d'engagement des collaborateurs est donc de toute évidence l'une des principales clés du succès de Southwest.

Cette réussite est exceptionnelle. Elle est d'autant plus intéressante qu'elle s'appuie sur des principes de management différents, voire opposés à ceux qu'affichent la plupart des entreprises aujourd'hui. Nous y reviendrons en détail *.

* Le cas de Southwest est détaillé au chapitre IV.

Vers un progrès sans limite ?

On peut bien sûr trouver beaucoup d'autres exemples. Chacun connaît ou a connu au moins une entreprise en pleine réussite ou même simplement, au sein d'une entreprise, une équipe dans laquelle chacun s'implique et s'épanouit sur des projets enthousiasmants et passionnants. Chaque cas est spécifique. Cependant, quels que soient les exemples choisis, aucune de ces réussites n'est due à la seule exploitation des outils traditionnels de management : les clés de la performance ne sont pas dans le tiroir...

Ces exemples ont en revanche deux points communs. Ils démontrent que les équipes peuvent réaliser des progrès qui dépassent de loin les objectifs habituellement consignés dans les budgets. De plus, ils consacrent la réalisation d'objectifs apparemment contradictoires.

Ce sont les deux dimensions que nous allons explorer dans les deux prochains chapitres, avant de comprendre dans les quatre chapitres suivants comment les entreprises les plus performantes excellent dans la vision stratégique, le pilotage opérationnel, le pilotage de la valeur et l'animation des hommes.

Et s'il existait, finalement, des clés pour révéler et concrétiser un extraordinaire gisement de croissance et de performance grâce à l'engagement des collaborateurs ? S'il était possible de mobiliser durablement les 3 C des collaborateurs : leur cerveau, leur cœur et leur... courage ? Si l'on prouvait que la création de valeur pour l'actionnaire peut prendre d'autres voies que celles que l'on observe aujourd'hui le plus souvent ?

Rousseau a écrit : « L'homme est un animal libre, perfectible indéfiniment. » Et si l'entreprise, elle aussi, pouvait progresser sans limite ?

II

L'obsession du progrès

Le tableau magique de la dynamique du progrès

« L'homme qui déplace une montagne commence par les petites pierres. »

Confucius

Le progrès est une notion courante mais finalement peu claire : on parle du progrès technique comme de celui de l'illettrisme, du « progrès continu » en usine comme des « entretiens de progrès » dans les procédures de gestion des ressources humaines. Chacun sent bien, même confusément, que la notion de progrès peut jouer un rôle décisif dans la conduite et le développement des entreprises.

Pour une meilleure appréhension, il nous faut découvrir en quoi la recherche du progrès est le moteur de l'homme, puis comprendre comment elle peut devenir le moteur de l'entreprise.

Le moteur de l'homme

Pour que l'entreprise mobilise et libère le potentiel de ses collaborateurs, elle doit permettre à ceux-ci de trouver dans leur travail une réponse à leurs attentes les plus profondes. Or, différents travaux scientifiques récents permettent de porter un regard nouveau sur les comportements au travail et d'imaginer de nouvelles réponses de l'entreprise aux attentes des collaborateurs. On découvre ainsi que, de même que le corps humain est une mécanique incroyablement sophistiquée au service de la survie de l'espèce, le cerveau humain prédispose largement nos comportements au service de la pleine exploitation de notre potentiel.

Nous avons tous l'intuition que les moments les plus intenses de notre vie sont aussi ceux dans lesquels nous exprimons le mieux nos capacités. Et, inversement, qu'on ne fait vraiment très bien que ce qui nous enthousiasme.

L'« expérience optimale »

Les travaux du chercheur américain d'origine hongroise Mihaly Csikszentmihalyi [1] permettent aujourd'hui de comprendre avec beaucoup plus de finesse ces phénomènes.

Une partie de ses recherches repose sur un appareil très original : accroché à la ceinture de centaines de volontaires, pendant plusieurs semaines, l'appareil émet un bip, plusieurs fois par jour, que l'individu soit au travail ou non. Au signal, la personne doit effectuer deux opérations simples à l'aide de l'appareil : d'une part, évaluer son niveau instantané de satisfaction, sur une échelle de 0 à 9 ; d'autre part, sélectionner le type d'activité – ou d'inactivité – qu'elle est en train de vivre. Par exemple, une personne accablée par les soucis et bloquée dans une réunion interminable aura tendance à évaluer son niveau de satisfaction à 2 ou 3. Le même jour, le même individu, sortant enthousiaste d'un entretien au cours duquel il a convaincu son patron de lui confier une mission passionnante, évaluera sans doute sa satisfaction instantanée à 7 ou 8. Cette vaste expérience, complétée par un grand nombre d'entretiens d'approfondissement, a permis à Csikszentmihalyi de réunir des informations statistiquement significatives sur les types de situations qui déclenchent, chez les individus, un état de satisfaction très élevée.

Parmi les états de satisfaction élevée, Csikszentmihalyi fait une distinction intéressante entre « plaisir » et « joie ». La notion de « plaisir » correspond selon lui à la satisfaction ressentie lorsque sont comblées les attentes créées par le conditionnement génétique (faim, soif, désir sexuel, etc.) ou par le conditionnement social (possession d'un objet valorisé par la publicité). Le plaisir est évidemment une expérience positive, mais liée à un phénomène « homéostatique » : après quelques heures, quelques jours ou quelques semaines, l'individu est revenu à son état physiologique et psychologique antérieur, il n'a pas changé. La « joie » se caractérise en revanche, selon Csikszentmihalyi, par un sentiment d'intense satisfaction et d'accomplissement, nous donnant même souvent le sentiment d'avoir progressé, voire changé.

Ce chercheur et son équipe se sont donc particulièrement intéressés à ce qu'ils ont appelé les « expériences optimales », c'est-à-dire les situations qui nous apportent un sentiment de joie. Préparer un nouveau plat avant de recevoir des amis à dîner, présenter avec succès un projet ambitieux devant une équipe de direction, participer à un match de football et marquer un but formidable, réaliser un tour de magie devant l'un de ses enfants... : les chercheurs ont évidemment identifié des centaines de situations de ce type, qui varient en fonction des modes de vie, des cultures, des goûts et des motivations de chacun. Cependant, dans toutes les civilisations et quels que soient l'âge et le sexe des individus, on retrouve les mêmes trois caractéristiques des « expériences optimales ».

D'abord, l'individu est presque toujours en train d'effectuer une tâche difficile mais réalisable, que ce soit dans un cadre professionnel ou privé. L'activité apporte donc beaucoup plus de joie que le repos ou la passivité, plus précisément si l'objectif visé est clair, si la personne exerce elle-même le contrôle de ses actions et si elle se sent en train d'accomplir quelque chose que tout le monde ne pourrait pas faire aussi bien qu'elle.

Ensuite, l'individu en situation d'expérience optimale se concentre totalement sur ce qu'il fait. L'étude révèle très clairement que, plus l'engagement de l'individu est profond et dissipe toute distraction, plus la satisfaction est intense. Et il est vrai qu'à bien y réfléchir, il n'y a jamais de véritable joie à faire plusieurs choses en même temps. Ainsi, des loisirs passifs, même coûteux comme des promenades dans un hors-bord puissant, apportent statistiquement beaucoup moins de satisfaction que des activités réclamant davantage d'implication psychique, comme jardiner ou cuisiner. Il est par ailleurs intéressant de noter que la préoccupation de soi – « de quoi ai-je l'air ? » – disparaît complètement pendant une expérience optimale, tandis que la confiance en soi en sort renforcée.

Enfin, l'activité en cours fournit une rétroaction immédiate, c'est-à-dire que l'individu sait précisément qu'il est en train de réussir dans sa tâche. Cette rétroaction peut être de différentes natures : le goût de la sauce à mi-cuisson, l'accord de l'équipe de direction pour une étude préliminaire, la validation par l'arbitre du but marqué, le regard de l'enfant devant le tour de magie... Dans tous les cas, la personne sait à quoi s'en tenir.

Les recherches de Csikszentmihalyi font ainsi apparaître que la combinaison de ces trois caractéristiques produit un sentiment de joie si intense que les gens sont prêts à investir beaucoup d'énergie pour la retrouver, que ce soit dans leur travail ou dans une autre activité.

Or, la découverte la plus étonnante de ces études est justement celle du paradoxe travail/loisirs. En effet, si, dans les entretiens d'approfondissement, les personnes déclarent massivement qu'elles voudraient travailler moins et avoir plus de loisirs, les 4 800 comptes rendus d'expérience de Csikszentmihalyi rapportent bien davantage de moments de joie pendant le travail que pendant les loisirs ! En effet, le taux d'expériences perçues comme positives – avec un score de satisfaction au-dessus de la moyenne – s'est révélé de 54 % pendant le travail et seulement de 18 % en dehors du travail. Ce phénomène est encore davantage marqué au sommet de l'échelle professionnelle, mais il est absolument incontestable dans toutes les catégories de populations : par exemple, pour les seuls « cols bleus », on relève 47 % d'expériences positives pendant le travail contre seulement 20 % en dehors du travail.

Ces résultats s'expliquent en partie par le faible taux

d'activité des heures passées en dehors du travail, en particulier le temps passé devant la télévision qui offre un niveau de satisfaction statistiquement très médiocre. Ils s'expliquent aussi et surtout par le fait que l'expérience optimale peut être vécue dans tous les types d'activités professionnelles, dès lors que l'individu y effectue des tâches difficiles mais réalisables, qu'il se concentre intensément sur son activité et que celle-ci lui fournit une rétroaction immédiate (les trois caractéristiques de l'« expérience optimale »). Il peut s'agir de tâches manuelles ou intellectuelles, de missions à mener seul ou en équipe, de travaux exigeant lenteur et précision ou de défis impliquant une grande vitesse d'action. Plusieurs témoignages montrent que même des tâches très répétitives, sur une chaîne de montage par exemple, peuvent offrir une réelle satisfaction à l'ouvrier qui cherche intensément à y améliorer sa performance ou même la seule pureté de son geste.

On comprend ici une donnée essentielle : afin qu'une activité reste motivante, il faut en élever le niveau de difficulté au fur et à mesure du développement de la compétence de la personne considérée dans l'activité déterminée. C'est d'ailleurs ce que la personne fait instinctivement lorsqu'elle s'oblige à tester une nouvelle recette de cuisine ou même simplement une variante inédite, au lieu de reproduire indéfiniment le même plat pour ses différents invités. Ainsi donc, ce qui apporte un enchantement intense, c'est moins l'activité elle-même que les progrès que la personne cherche à réaliser.

On remarque enfin que les activités les plus épanouissantes dans la vie privée comme, par exemple pour certains, la pratique d'un instrument de musique, sont souvent au départ effectuées pour des raisons externes : l'enfant commence à jouer du piano pour éviter de peiner ou de mécontenter ses parents, ou avec l'espoir d'obtenir des récompenses. C'est souvent plus tard que ces activités deviennent intrinsèquement gratifiantes. Si l'activité reste la même, la façon dont l'individu la pratique se transforme : la contrainte d'hier devient aujourd'hui source d'épanouissement. C'est alors que les progrès s'accélèrent parfois à un rythme inouï et que l'individu exprime son véritable potentiel. Le même phénomène s'observe au travail : si l'individu effectue un certain type de travail, c'est au départ rarement par vocation mais plutôt par le fait des circonstances. C'est parce que l'individu va s'y investir intensément pour y accomplir des tâches difficiles qu'il va progressivement y trouver motivation et accomplissement. Son implication croissante va favoriser du même coup la performance et le développement de l'organisation au sein de laquelle il travaille.

Autrement dit, ce qui crée l'intérêt d'une activité pour un individu, ce n'est pas le résultat de cette activité en lui-même, c'est la somme des progrès qu'il réalise pour atteindre ce résultat ou s'en approcher. Ainsi, l'obtention de progrès perceptibles est un moteur essentiel de l'épanouissement humain.

La « mesure du bonheur »

Une autre démonstration éclatante de l'importance de la recherche du progrès pour l'homme est apportée par les travaux de l'Américain Allen Parducci[2], professeur émérite de psychologie à l'université de Californie Los Angeles. Celui-ci s'est intéressé, pendant des années, à la possibilité – ou non – de prédire le niveau de satisfaction d'une personne face à une décision donnée. Quel chef d'entreprise ne rêve pas de savoir à l'avance comment ses collaborateurs réagiront à telle ou telle augmentation salariale, tel ou tel montant de prime, telle ou telle sanction ?...

La principale découverte de Parducci est que le jugement porté par un individu sur le caractère satisfaisant ou insatisfaisant d'un événement est très directement lié aux événements survenus précédemment dans son champ d'expérience. Ainsi, gagner un jour 1 000 euros au Loto représente un événement très différent pour celui qui joue depuis vingt ans sans avoir jamais gagné plus de 50 euros et pour celui qui a déjà gagné plus d'un million lors d'un tirage précédent... L'importance d'une prime, le caractère significatif d'une augmentation de salaire – comme, inversement, la gravité d'une maladie ou d'une sanction – s'apprécie, pour chacun de nous, par rapport à ce qui nous est arrivé auparavant.

Plus précisément, Parducci a pu établir, à l'aide de multiples expériences en laboratoire de psychologie sociale, la fonction mathématique qui détermine le niveau de satisfaction d'un individu face à un événement donné * !

Prenons l'exemple d'un golfeur amateur à l'issue d'un parcours. Son niveau de satisfaction est influencé par ses

* Ce niveau est à équidistance entre la moyenne et la médiane des événements auxquels la personne se réfère au moment de l'expérience.

performances précédentes. En particulier, il prend en compte la performance la plus basse et la performance la plus élevée qu'il ait jamais réalisées sur ce parcours. Donc, pour apprécier positivement sa performance d'aujourd'hui, il lui faut avoir connu, par contraste, des jours difficiles sur le green !

Si ces jours difficiles finissent par s'effacer de sa mémoire et de son « champ de référence », si notre golfeur oublie que ça n'a pas toujours été facile pour lui, sa satisfaction décroîtra, pour une performance donnée. De même, si ce golfeur réalise plusieurs fois de suite des performances très élevées, sa satisfaction décroîtra ensuite inéluctablement, pour une même performance.

Cela signifie que, quel que soit le domaine considéré, seul le progrès apporte une satisfaction durable : des réalisations constantes n'apportent qu'une satisfaction décroissante.

Les travaux de Parducci montrent également que les petites réussites qui font la satisfaction d'aujourd'hui feront aussi les frustrations et insatisfactions de demain, si par contraste la réalité apparaît moins souriante. Sur un plan professionnel, des performances nombreuses créent inévitablement une attente d'autres performances : la performance régulière rend la contre-performance insupportable. L'individu est ainsi porté à éliminer la contre-performance.

Ces découvertes scientifiques, largement passées inaperçues dans le monde de l'entreprise, revêtent pourtant un intérêt considérable. On peut en effet tirer de ces travaux les deux enseignements suivants.

D'une part, l'individu a besoin de progrès dans tous les domaines. Il doit progresser en savoir-faire, en résultats et en responsabilités pour apprécier son travail, ainsi qu'en salaire pour apprécier sa rémunération. Conscient ou non, exprimé ou pas, le besoin est là. En conséquence, l'individu est fait pour aller vers davantage de performance : il tend lui-même à vouloir augmenter sa performance et éliminer les contre-performances, pour maintenir son propre niveau de satisfaction.

D'autre part, l'individu est, d'une façon générale, psychologiquement programmé pour surmonter les difficultés et les échecs ! En effet, il ne peut trouver de satisfaction dans le confort et les succès que par comparaison avec l'expérience de l'inconfort et des revers. Ceci est vrai en toute chose : la température idéale d'une pièce, par exemple vingt degrés, n'apporte aucune satisfaction si elle est constante. En revanche, la personne préalablement exposée à un grand froid ou à une chaleur accablante appréciera beaucoup de bénéficier de cette température.

Dans le domaine professionnel, les moments difficiles ont ainsi leur utilité : il n'est donc en rien nécessaire de « choyer en permanence » ses salariés pour en faire des collaborateurs heureux ! Ce qui rend heureux, c'est le progrès.

Le « tableau magique »

Moteur de l'homme, la recherche du progrès peut-elle être aussi celui des organisations ?

Afin d'étayer notre démonstration, prenons l'exemple

de Marie, directrice d'une unité de prestations techniques dans une grande entreprise de services. Les performances quantitatives et qualitatives de son unité se situent globalement en dessous des standards de l'entreprise. Marie établit donc un diagnostic de son unité et identifie les principaux points forts et points faibles de celle-ci. Elle s'appuie notamment sur l'étude de différents tableaux de bord ainsi que sur plusieurs avis de collègues et de collaborateurs.

Parmi les principaux points forts, elle a repéré la parfaite maîtrise des procédures d'évaluation technique à l'issue des interventions, ainsi que le très faible nombre d'accidents du travail, dû à la grande sensibilisation de ses collaborateurs aux impératifs de sécurité. Les deux principaux points faibles apparus sont la médiocrité du relationnel avec les clients internes et externes de l'unité ainsi que la qualité moyenne du reporting établi au sein de l'unité et en direction du siège. Marie inscrit ses conclusions dans un tableau de synthèse, résumant clairement dans une colonne les point faibles (relationnel et reporting) et dans l'autre les points forts (évaluation technique et sécurité).

Elle établit alors un plan d'action, avec le souci de faire disparaître au moins un point faible. Peut-être même pourra-t-elle faire passer un de ces points faibles dans la colonne « points forts », puisque ces points faibles ou forts sont définis par comparaison interne ou externe. Elle doit aussi éviter que l'un des actuels points forts ne fasse en même temps le chemin inverse et ne devienne un point faible.

Quelques mois plus tard, Marie décide d'établir un nouveau diagnostic de son unité. Analysant une fois de plus ses différents tableaux de bord, elle prend également l'avis de plusieurs personnes compétentes, tant dans son unité qu'à l'extérieur. Comme Marie a réalisé un effort important sur le relationnel, elle s'attend à ce que ce point faible ait migré dans la colonne point fort de son tableau, le reporting restant son seul point faible. Cependant, à sa grande surprise, le nouveau tableau de diagnostic a une autre allure. Certes, le relationnel, qui était jusqu'alors un point faible, est devenu un point fort. Mais la sécurité, un atout dont Marie est très fière, a disparu de son tableau, n'étant plus citée par personne dans les points forts de son unité. Par ailleurs, la notion de « prévision », dont il n'avait jamais été question lors des diagnostics précédents, est venue renforcer la colonne des points faibles.

Après avoir interrogé ses collaborateurs sur la question de la sécurité, Marie se rend compte que cet atout n'est plus cité spontanément. En effet, les procédures de sécurité font l'objet de rituels tellement ancrés dans les habitudes que personne ne pense même plus à les mentionner comme un point fort. Marie découvre ainsi que ce point fort est entré dans les domaines d'excellence de l'unité – on parle aussi de « culture » lorsque ces domaines d'excellence ne sont plus perçus concrètement –, avec un avantage et un risque.

L'avantage, c'est que les rituels désencombrent l'esprit et libèrent volonté et énergie pour les défis nouveaux. Le risque pour Marie, en laissant son équipe oublier que la sécurité est un de ses points forts, c'est de voir ses collaborateurs s'endormir sur leurs lauriers et négliger les progrès supplémentaires toujours possibles. Avec, à la clé, la possibilité pour d'autres unités ou des concurrents de prendre le leadership sur cette question – sans évoquer le risque d'accident toujours possible.

Elle ajoute donc à son tableau une troisième colonne, qui recense les domaines d'excellence de son équipe et y inscrit la notion de sécurité. Marie saisit alors que si elle entreprend avec son équipe de renforcer encore la maîtrise et l'exploitation des points forts de l'unité, elle accroîtra le nombre d'éléments figurant dans ces domaines d'excellence.

Elle découvre également que, si elle décide d'exploiter pleinement les domaines d'excellence de son unité, ceux-ci deviendront un élément de leadership que ni les autres unités de l'entreprise, ni surtout les concurrents ne pourront lui contester de sitôt. Elle ajoute donc une colonne « leadership » à son tableau.

Vient alors la question de l'origine du point faible récemment apparu dans le tableau : la prévision. Marie comprend qu'un de ses homologues, responsable d'une autre unité de l'entreprise, a entrepris d'affiner son système de prévision d'activité à court et moyen termes, de façon à mieux gérer ses ressources. Ce collègue s'est inspiré d'un exemple découvert à l'occasion d'une rencontre avec une société externe. Cette innovation a dans un premier temps légèrement déstabilisé l'équipe de l'unité concernée, mais elle permet aujourd'hui à cette équipe de progresser à la fois en termes de gestion des coûts et de qualité de service aux clients.

Pour Marie et son équipe, cette méthode était jusqu'ici totalement inconnue. Certains « en avaient entendu parler », mais personne n'avait encore essayé de l'adapter et de l'appliquer dans l'unité. Elle réalise alors que, lors de son premier diagnostic, cette méthode de prévision était déjà à l'œuvre soit chez son homologue, soit au moins dans l'entreprise extérieure qui a inspiré celui-ci. Si la prévision n'était pas encore repérée comme un point faible, c'est qu'elle faisait partie d'une autre catégorie : l'inconnu ! Elle ajoute donc une colonne « Inconnu » à son tableau (voir annexe 1, p. 223). Le tableau est devenu magique !

« Tableau magique » de la dynamique des progrès

Inconnu →	Points faibles →	Points forts →	Excellence →	Leadership
-	-	-	-	-
	-	-	-	
		-		

Ce faisant, Marie a le sentiment d'avoir mis le doigt sur une découverte majeure... Mais laquelle ?

Le progrès : un cycle sans fin

Le tableau nous démontre que, pour atteindre le leadership – ou des leaderships successifs, par métier, par zone géographique ou par fonction –, les méthodes habituelles ne sont pas appropriées. Il faut pleinement exploiter quatre vecteurs de progrès : transformer certains points faibles en points forts, faire des points forts des domaines d'excellence, exploiter les domaines d'excellence, expérimenter ce qui est encore inconnu.

Habituellement, dans une entreprise, lorsqu'on établit un diagnostic des points forts et des points faibles, on essaie avant tout de corriger les points faibles afin de les faire disparaître. Il est certes utile d'agir sur les points faibles. C'est même indispensable lorsque ces points faibles affectent des facteurs critiques comme l'éthique, la sécurité des personnes ou les paramètres essentiels de qualité des produits et services. Néanmoins, supprimer les points faibles est généralement difficile : ces points faibles ne sont pas toujours dus au hasard ou à la négligence, mais parfois à des handicaps structurels difficiles à surmonter.

Prenons l'exemple d'une entreprise dont la réactivité est un point faible, par rapport à ses meilleurs concurrents. Le plus souvent, une telle entreprise n'est pas victime de la paresse ou de la mauvaise volonté de ses collaborateurs, mais plutôt de la complexité de son organisation et de ses procédures. Aussi, accentuer la pression sur les équipes pour supprimer le manque de réactivité produira généralement peu de résultats ou bien quelques résultats compensés par de lourds effets pervers : accroissement du stress, multiplication des erreurs, voire détérioration de la relation client... De plus, quand bien même le point faible serait supprimé, les efforts déployés ne fourniraient en rien un nouvel avantage concurrentiel à l'entreprise.

Supposons maintenant que cette entreprise un peu bureaucratique dispose de quelques points forts, dont justement le bon respect des règles et des procédures par les collaborateurs. Il est alors possible de s'appuyer sur cet atout pour faire de la réactivité un point fort. En effet, si les procédures sont réécrites dans le but de maximiser la réactivité et de faire de celle-ci un avantage concurrentiel, l'entreprise s'appuiera sur un point fort existant – la conformité aux procédures – pour prendre l'avantage.

Il est donc plus utile mais aussi, paradoxalement, plus réaliste de transformer un point faible en point fort – en s'appuyant si possible sur un atout existant – que de vouloir le supprimer.

Il ne suffit pas toutefois de transformer des points faibles en points forts. Contrairement à une idée reçue, en effet, les plus grandes marges de progression viennent presque toujours des points forts.

Supposons que vous soyez un(e) décathlonien(ne). Après deux ans de formation aux dix disciplines de l'épreuve, il apparaît que vous êtes performant(e) au saut à la perche mais beaucoup moins au lancer du poids. Votre club vous offre un stage intensif d'un mois pour accroître vos performances sur une seule de ces deux épreuves : laquelle choisissez-vous ? Il est très probable que vous ferez la meilleure utilisation de votre temps si vous consacrez ce stage au saut à la perche. En affûtant pendant un mois, à temps complet, votre technique, votre physique et même votre mental dans un sport dans lequel vous êtes déjà doué(e) et performant(e), vous allez réaliser des progrès considérables. Si vous passez un mois à travailler votre point faible (le lancer du poids), vos progrès seront réels mais risquent d'être plus modestes.

Dans une entreprise, lorsqu'on observe l'évolution des performances de plusieurs entités comparables (par exemple, des usines ou des agences commerciales entre elles), sur un indicateur donné, on constate généralement le phénomène suivant : avec les méthodes habituelles de management, l'écart type tend peu à peu à se réduire : les scores des entités les plus faibles rattrapent péniblement la moyenne, celle-ci restant à peu près stable du fait de l'érosion des plus hautes performances. En revanche, lorsqu'une pression positive est exercée pour motiver toutes les entités à améliorer leurs scores sur l'indicateur concerné, c'est le phénomène inverse qui se produit : l'écart type se creuse. Ce sont en effet les entités les plus performantes qui ont le plus de capacité à exploiter leurs points forts pour accroître encore leur score : « Les meilleurs deviennent encore meilleurs. »

De plus, les points forts travaillés et retravaillés changent de nature : ils deviennent des acquis, des rituels, des automatismes, des domaines d'excellence. Ils intègrent la culture de l'entité ou de l'entreprise. L'intégration de ces points forts dans les « réflexes » de l'organisation libère l'énergie et l'attention pour aller chercher d'autres sources de progrès. Comme l'a écrit le philosophe et mathématicien britannique Alfred North Whitehead en 1911 : « La civilisation progresse en étendant le nombre d'opérations que nous pouvons accomplir sans y penser. »

Un troisième vecteur de progrès – peut-être le plus décisif – tient à l'exploitation des domaines d'excellence de l'organisation. Lorsqu'un point fort a été travaillé au point de devenir un élément de culture pour l'organisation et les personnes qui composent celle-ci, le renforcement délibéré et l'exploitation maximale de cet élément font de celui-ci un avantage concurrentiel très difficilement copiable par la concurrence. Pour les organisations comme pour les hommes, le leadership ne vient jamais de la correction des points faibles. Il est partout et toujours lié à l'exploitation maximale de domaines d'excellence parfaitement maîtrisés. Ceci est absolument déterminant dans le pilotage de l'entreprise.

Au niveau stratégique, on ne construit pas une vision sur la base des qualités ou des idées personnelles du dirigeant, mais d'abord sur le potentiel révélé par les points forts et les domaines d'excellence de l'organisation. On ne choisit pas d'axer sa stratégie sur les métiers dans lesquels on est faible, les clients chez lesquels on a toujours échoué, les zones géographiques dans lesquelles on cumule les handicaps ! On s'appuie sur ses atouts pour conquérir des leaderships successifs de plus en plus probants.

Au niveau opérationnel, on n'obtient pas de résultats en progression durable en « moyennant * » les performances de ses entités, mais en faisant progresser toutes les entités et en aidant les plus brillantes d'entre elles à bâtir des avantages concurrentiels forts, dont tout le groupe bénéficiera ensuite.

Au niveau des hommes, on ne bâtit pas des équipes gagnantes avec des gens « lisses et sans défaut », mais en additionnant et en combinant les talents et les domaines d'excellence d'individus souvent difficiles à gérer.

Enfin, l'enseignement le plus étonnant et, sans aucun doute, le plus utile du « tableau magique » est lié aux domaines « inconnus ». Il apparaît en effet que, pour

---

* « La moyenne n'existe pas dans la nature. » (Christophe Rouvière, président de *Finance et stratégie* et du club Horizons.)

développer un nouveau point fort après-demain, il est indispensable d'identifier ce qui apparaîtra dans un premier temps, demain, comme un nouveau point faible. Il s'agit donc aujourd'hui de s'attaquer à la colonne des principaux inconnus du « tableau magique ».

Où se trouvent ces éléments encore « inconnus » ? On les trouve dans les idées ou les initiatives des collaborateurs les plus créatifs, dans les réalisations des concurrents les plus audacieux, mais aussi dans les pratiques d'organisations aux prises avec des problématiques similaires dans des secteurs d'activité totalement différents. Naturellement, une pratique professionnelle « inconnue », une fois introduite et expérimentée, sera rarement d'emblée un point fort. Il faut d'abord oser en faire l'apprentissage puis l'adapter et l'affiner. Ceci signifie paradoxalement que tout nouveau point faible constitue un progrès par rapport à la situation précédente !

Or, proposer à ses équipes d'expérimenter une nouvelle pratique n'est généralement pas difficile. En effet, si personne n'a spontanément envie de changer – en s'efforçant de corriger ses points faibles –, presque tout le monde est prêt à expérimenter et progresser... surtout quand les erreurs et les tâtonnements sont, au départ, admis comme normaux.

Sachant que l'homme a soif de progrès mais qu'il a horreur du changement, pourquoi nous acharnons-nous à focaliser nos collaborateurs sur la correction de leurs points faibles ? Retourner quelques points faibles en points forts, accroître les points forts pour en faire des domaines d'excellence, transformer les domaines d'excellence en leadership, expérimenter l'inconnu pour créer de nouveaux points faibles provisoires : le cycle est sans fin et s'applique à tous.

Quel que soit le métier considéré, quels que soient les acquis, il n'y a pas d'asymptote à la courbe du progrès.

Une clé du succès : oser agir plus vite et autrement

Un champion sportif décroche la médaille d'argent dans sa discipline aux Jeux olympiques. Quatre ans plus tard, avant la nouvelle édition des Jeux, il a amélioré son record personnel de deux dixièmes de secondes. Doit-il être satisfait de sa performance ? Tout dépend naturellement de la vitesse à laquelle ses meilleurs concurrents ont eux-mêmes progressé dans l'intervalle, ainsi que de la capacité de « nouveaux entrants » à se hisser dans le peloton de tête de la discipline.

De même, le progrès réalisé par l'entreprise sur un indicateur a peu de signification en lui-même si on ne se compare pas aux meilleurs. Ce qui compte, c'est la vitesse : progresser moins vite que les meilleurs – en matière de satisfaction client, de satisfaction des collaborateurs ou de rentabilité –, c'est évidemment reculer en valeur relative ! La vitesse est l'ennemie des bureaucraties et elle est l'un des atouts caractéristiques de l'organisation performante. On le voit clairement dans le domaine du développement des nouveaux produits : le délai de conception et de mise sur le marché d'une voiture est un facteur crucial de compétitivité dans le métier de l'automobile. Sur un nouveau marché, il est bon d'être le meilleur, mais il est souvent encore meilleur d'être le premier ! On le constate aussi dans les mouvements stratégiques : celui qui prend l'initiative d'attaquer se dote d'un avantage souvent décisif par rapport à sa proie. La vitesse de mise en œuvre est également un facteur clé de succès des réorganisations après les fusions ou les acquisitions. Les mois d'atermoiements et de flottements coûtent souvent très cher, par exemple en nombre de départs de talents. La vitesse est, enfin, un facteur d'accumulation d'expérience. Agir plus vite, c'est aussi apprendre plus vite que les autres, autant par ses erreurs que par ses succès.

Mais il ne suffit pas d'aller plus vite, il faut aussi oser faire autrement. Le niveau de compétitivité est tel, sur la plupart des métiers, qu'on ne peut en bousculer les leaders qu'en changeant les règles du jeu du marché, comme ont su le faire à différentes époques Ford, IBM, Ikea puis Microsoft. Plus récemment Amazon, Cisco, eBay ou Google se sont imposés sur leurs marchés, au niveau mondial, en agissant à la fois plus vite et autrement. John Chambers, le remarquable PDG de Cisco Systems, le dit avec force : « Agir autrement n'est pas forcément faire mieux, mais faire mieux aujourd'hui c'est toujours agir autrement. »

Le culte du progrès, c'est donc aussi celui de l'audace. Certes, beaucoup d'entreprises se bureaucratisent avec le développement des audits, des contrôles, des régulations, de la gestion des risques ou la généralisation du principe de précaution. Mais tout reste possible. En effet, contrairement aux équipements, technologies ou métiers qu'il faut acquérir, le moteur du progrès est déjà présent dans presque tout collaborateur et donc dans toute entreprise.

Chaque individu possède, au fond de lui, le besoin fondamental de se sentir utile, d'agir mais aussi de progresser dans ses activités. Chaque entreprise ou organisation possède des points forts et des points faibles, des domaines d'excellence et des champs d'expérimentation encore inexplorés.

Nous allons voir comment, concrètement, l'obsession du progrès peut renouveler profondément le pilotage opérationnel, le pilotage stratégique, le pilotage de la valeur et l'animation des hommes.

III

Le choix cumulatif

De la logique du « ou » à la créativité du « et »

« Choisir, c'est se priver du reste. »

André Gide

La recherche du progrès est donc un des moteurs essentiels de l'individu. Le cheminement du progrès dans une organisation obéit par ailleurs à des lois simples, illustrées par le « tableau magique » de la dynamique du progrès. Existe-t-il alors un secret qui permette de réaliser les progrès les plus rapides, les plus marquants et surtout les plus utiles ? Ce sésame peut-il tenir en une phrase ?

Le jeu des trois erreurs

L'efficacité du management est minée par trois erreurs fondamentales couramment répandues : le choix réducteur, le compromis et l'inaction.

La première erreur fondamentale est liée au mot « ou ». La littérature de management valorise habituellement à l'envi la notion de choix. Le dirigeant efficace serait avant tout celui qui aurait le courage de « trancher », d'écarter les options les moins pertinentes pour engager l'entreprise dans les voies étroites du succès. Le comble du courage serait même le renoncement partiel ! Certes, la focalisation des efforts est plus payante que la dispersion et il faut parfois savoir décider.

Mais faudrait-il alors, lorsqu'on est dirigeant, privilégier la croissance *ou* la rentabilité ? L'innovation *ou* la productivité ? L'esthétique des produits *ou* leur technicité ? L'image de marque *ou* la compétitivité du prix ? La fidélisation des clients *ou* la conquête de nouveaux marchés ? Les succès immédiats *ou* la préparation de l'avenir ? La qualité du service *ou* la maîtrise des coûts ? Formulées ainsi, ces questions sont évidemment absurdes. En effet, ce qui a été, hier, suffisant pour conquérir le leadership sur un marché devient, aujourd'hui, simplement et strictement nécessaire pour rester dans la course. Le *nice to have* devient *must have*.

AOL, alors leader mondial de l'accès à internet, l'a compris trop tard en France. Obsédé par l'élargissement constant de la palette de services accessibles aux abonnés sur son portail, AOL a préféré renoncer à prendre le rythme de ses concurrents sur le segment naissant du haut débit. Quelques semestres plus tard, l'entreprise était pratiquement sortie du marché. Bien qu'évaluée ensuite par la presse spécialisée au premier rang français en matière de qualité de service pour ses prestations en haut débit, AOL France n'avait aucune chance de revenir dans le peloton de tête des fournisseurs d'accès et a dû se vendre à Neuf-Cegetel.

Trancher n'est pas un acte de bravoure, c'est un pis-aller.

La seconde erreur est liée à la notion de « compromis » : puisqu'on ne peut choisir, par exemple, entre innovation et productivité, trouvons donc un compromis ! Hélas, un peu d'innovation et un peu de productivité, cela fait au total bien peu d'ambition et de progrès. Dans son célèbre ouvrage *Competitive Strategy*, Michael E. Porter a inventé l'expression « enlisement dans la voie médiane » pour caractériser la situation des entreprises qui, recherchant des compromis dans tous les domaines, finissent par ne plus briller du tout. On voit aujourd'hui les difficultés d'une entreprise gigantesque et mythique comme General Motors qui, n'ayant ni soutenu ni développé au cours des dix dernières années quelque avantage compétitif déterminant, en a été réduite à soutenir ses ventes par des rabais massifs au point d'être en 2007 pratiquement acculée à la ruine. Aussi loin qu'on puisse chercher, aucune grande réussite marquante ne résulte d'un compromis mou entre des priorités divergentes.

La troisième erreur fondamentale – la pire – est le « ni ni ».

Certains hommes politiques habiles savent flatter leur auditoire en écartant les options susceptibles d'inquiéter une partie de leur électorat, proclamant ainsi ce qu'ils ne feront pas – tout en se gardant bien d'indiquer ce qu'ils feront *. En effet, les électeurs se déterminent le plus

* Beaucoup se souviennent qu'avant l'élection présidentielle de 1988, le candidat François Mitterrand avait déclaré que s'il était réélu, il n'y aurait « ni nouvelles privatisations ni renationalisations ». Comme si, dans un monde évoluant si rapidement, le statu quo était la meilleure solution ! On peut hélas trouver ce type de

souvent, au deuxième tour d'une élection importante, en fonction de leur volonté de rejeter un candidat ou un programme plutôt que par adhésion à un autre candidat ou à un autre programme. Faire campagne sur le thème de ce qu'on ne fera pas peut donc s'avérer payant à court terme ! Bien sûr, par la suite, cela se traduit par l'immobilisme et l'absence de progrès.

En entreprise, certains dirigeants ou managers trouvent plus facile, également, de rassembler différentes parties prenantes autour de « rejets » plutôt qu'autour d'actions concrètes. Il arrive ainsi que des programmes d'action soient formulés en des termes du type : « ni excès de procédures ni improvisation » ! Or, pour une organisation comme pour un individu, atteindre des objectifs formulés négativement est toujours particulièrement difficile. Seuls des objectifs « positifs » peuvent motiver.

Il faut oser dire ce qu'on veut, plutôt qu'affirmer ce qu'on ne veut pas.

Le « et » audacieux, sésame du progrès et agent de mutation

Toutes les grandes réussites sont liées à la poursuite d'objectifs a priori contradictoires, voire inconciliables. Swatch en est un bon exemple. Les fabricants horlogers ont longtemps pensé qu'il fallait choisir entre la valeur esthétique d'une montre et l'accessibilité de son prix. Puis Nicolas Hayek a lancé la Swatch : des montres à la fois au design attractif *et* à bas prix. Mais les exemples sont

formule « ni ni » dans la bouche de responsables politiques de tous bords.

multiples. Lorsque Dell s'impose sur le marché de la micro-informatique, c'est en apportant à la fois des prix très compétitifs *et* une personnalisation du service sans équivalent. Lorsque Renault remporte en 2005 le championnat du monde de Formule 1, c'est grâce à des options technologiques lui permettant d'avoir à la fois l'une des voitures les plus rapides *et* la plus fiable du plateau. Lorsque Easy Jet réussit son entrée sur le marché aérien, c'est en offrant à la fois des tarifs très bas *et* une excellente qualité de service pour les passagers, notamment pour la facilité de réservation. Lorsque Google atteint une valorisation de plusieurs dizaines de milliards de dollars, c'est en concevant des services à la fois simples d'utilisation pour l'internaute *et* à forte valeur ajoutée pour les annonceurs. Pour revenir au succès de la Swatch, Nicolas Hayek n'a pas voulu choisir entre l'esthétique et le prix. Il n'a pas non plus recherché de compromis : son équation ne se résumait pas à « un peu de A, un peu de B », mais à « un maximum de A + un maximum de B ». Et cette équation a produit « C », un nouveau marché, celui sur lequel chaque consommateur possède désormais plusieurs montres, qu'il choisit de porter en fonction de son activité et de son humeur. Pourquoi ne pas changer de montre comme de collier ou de cravate ?

Le mot « et » s'affirme ainsi non seulement comme le sésame du progrès, mais comme l'agent de la mutation : c'est toujours par la poursuite ambitieuse d'objectifs apparemment contradictoires – ou la combinaison de deux idées opposées, comme dans le progrès des sciences * – que l'on réalise les véritables innovations.

* Claude Allègre écrit dans *La Défaite de Platon* : « La recherche scientifique avance en combinant deux idées/observations opposées, donnant ainsi naissance à quelque chose de nouveau. »

Par opposition à la logique « binaire » aristotélicienne, la pensée dialectique, développée par les Grecs au VIe siècle avant J.-C., pose pour postulat que toute situation est caractérisée par un ensemble de forces contradictoires, plus ou moins stabilisées : c'est de la « lutte entre les contraires » que naît l'énergie qui permet les progrès puis les mutations innovatrices.

Ainsi, l'entreprise doit poursuivre une multitude d'objectifs contradictoires parmi lesquels, par exemple : la rentabilité *et* la croissance, le court terme *et* le long terme, l'économique *et* le social, la réflexion *et* l'action, l'ambition *et* le sens des réalités, la conquête *et* la conservation, l'esprit de groupe *et* l'acceptation des individus, la cohérence *et* l'autonomie, la consistance *et* la flexibilité, la coopération *et* la compétition, l'ambition *et* l'éthique... Sur chacun de ces affrontements dialectiques, l'un des défis de l'organisation performante est de sortir de la logique du « ou », pour bénéficier de la créativité du « et » audacieux.

Désordre créatif et ordre approprié

La lutte de l'ordre contre le désordre est l'une des constantes de toutes les organisations. En effet, chacun sait qu'un excès de désordre, à la maison par exemple, provoque toutes sortes de problèmes : papiers manquants au moment où on en a besoin, retards, incidents, disputes, etc. Dans une organisation, le désordre peut engendrer l'inefficacité, l'improductivité, l'insatisfaction du client et/ou l'accident grave. À l'extrême, un désordre sans limite entraînerait l'organisation dans le chaos puis la disparition. Aussi, face aux facteurs de désordre que sont inévitablement le client, le collaborateur et l'environnement, la structure tend à produire de puissants facteurs d'ordre : hiérarchies, territoires, plans, budgets, directives, procédures, règles en tous genres. Mais – et on l'oublie trop souvent – l'excès d'ordre conduit, tout aussi directement, à la lenteur et à la rigidité, qui mènent également, dans l'environnement ultra-compétitif d'aujourd'hui, à la disparition. Les pires grèves ne sont-elles pas les grèves du zèle ? C'est pourquoi le choix cumulatif des entreprises et des organisations gagnantes peut s'exprimer comme ceci : « Agir avec un maximum de désordre créatif et un maximum d'ordre progressivement approprié. »

Le désordre créatif vient de la décentralisation généralisée et de l'autonomie maximale qu'il faut laisser aux équipes et aux collaborateurs pour mieux s'adapter aux clients, expérimenter des solutions nouvelles, gagner du temps ou être plus efficaces – quitte, parfois, à déroger à certaines procédures. Mieux vaut un foisonnement d'initiatives plutôt que l'inaction générale dans le parfait respect des règles. Autrement dit : « Mieux vaut souvent avancer dans le désordre que piétiner dans l'ordre. » D'où le nécessaire développement des équipes autonomes, des groupes de projet ou, comme chez 3M, des 15 % de temps de totale liberté accordés à tous les chercheurs pour mener les travaux ou les expérimentations de leur choix en dehors de tout contrôle hiérarchique a priori.

Comment alors assurer l'ordre nécessaire ? Le moins possible par des règles et des procédures, le plus possible par une vision * et des valeurs bien comprises : plus les buts et les valeurs sont clairs et partagés, moins les hiérarchies et les procédures sont nécessaires.

---

* Lire le chapitre IV sur les « visions » économique et humaine.

Ainsi, le désordre créatif trouve toute son efficacité dans le cadre d'un ordre « approprié » par les collaborateurs et non plus imposé par le sommet.

Il y a certes des situations dans lesquelles, pour régler un problème, on peut hésiter entre une mesure d'ordre et une mesure de désordre. Par exemple, face à une insuffisance d'efficacité de la prospection commerciale, on peut hésiter entre assigner une liste précise de prospects à chaque vendeur, avec le risque que certains prospects ne soient pas visités, et laisser la possibilité à chaque vendeur de prospecter partout, avec le risque que certains prospects se plaignent d'être démarchés plusieurs fois.

Le choix cumulatif consiste alors à opter pour la mesure de désordre si l'organisation et sa culture sont plutôt bureaucratiques et, à l'inverse, à adopter la mesure d'ordre si le fonctionnement de l'entreprise manque de méthode et de rigueur.

Par expérience, le premier cas concerne le plus souvent les grandes entreprises et le second les entreprises moyennes, surtout quand elles ont procédé à de multiples opérations de croissance externe. C'est ainsi que des entreprises comme Sidel, Ingenico ou Ginger ont entrepris, après une chevauchée fantastique d'acquisitions, une nécessaire remise en ordre de leurs priorités (notamment le retour à la croissance interne) et de leurs modes opératoires.

La question de l'ordre et du désordre peut même être au cœur des choix stratégiques. C'est ainsi que sur le marché du traitement du courrier, le leader mondial Pitney Bowes, longtemps cité en exemple [1], a été fortement bousculé par son challenger Neopost dont le cours de Bourse a été multiplié par 7 en huit ans, pendant que celui de Pitney Bowes reculait de 40 %. À la tête de Neopost depuis

1996, Jean-Paul Villot explique notamment cette réussite par la volonté de se différencier de son concurrent par une structure beaucoup plus décentralisée, des comportements plus réactifs et une culture plus « fun » !

Oser être à la fois arbre et pirogue

L'un des axes les plus constants du discours des dirigeants aujourd'hui concerne l'ampleur des changements à conduire.

Certes, l'adaptation des organisations à leur environnement est le premier devoir des dirigeants. Il n'est pas possible de demeurer immobile. Certes, aussi, cette adaptation doit se faire de plus en plus vite. Certes, enfin, l'être humain éprouve une difficulté naturelle à percevoir les signaux d'alerte et à s'y adapter : ainsi, il a été établi que 40 % des accidents aériens affectant des compagnies régulières, aux États-Unis, sont dus à l'incapacité de l'équipage de prendre en compte des données figurant pourtant clairement sur le tableau de bord... Dans un autre registre, on observe que, deux ans après leur opération, 90 % des personnes opérées à la suite de problèmes coronaires n'ont finalement pas changé leurs habitudes de vie. Nous tendons à refuser de voir la réalité, à refuser de changer.

Cependant, l'insistance des dirigeants à souligner la profondeur des changements nécessaires est un important facteur d'anxiété pour les collaborateurs. Il est d'ailleurs intéressant d'observer qu'en cas d'échec des changements engagés, les responsables sont tout désignés : à en croire les dirigeants, la faute en incombe bien souvent aux collaborateurs et à l'encadrement intermédiaire, incapables de comprendre la nécessité de faire évoluer leurs habitudes ! La « résistance au changement » est-elle une fatalité ? Le rôle des leaders n'est-il pas justement de concevoir des opérations de changement compréhensibles et acceptables – voire motivantes – pour ceux qui auront à les mettre en œuvre ?

Or, la « résistance au changement » peut avoir une dimension positive. Elle est en effet l'expression d'une forme de fidélité au passé, à une certaine façon de travailler, à des principes, à des valeurs qui ont le plus souvent concouru à la réussite de l'entreprise dans un certain contexte et qui, le plus souvent, ne sont pas toutes à jeter aux orties. Plus on insiste sur l'ampleur des changements nécessaires, plus on donne l'impression de rejeter des valeurs auxquelles les collaborateurs sont attachés : donc, plus on renforce la « résistance au changement ».

Une façon efficace de conduire les changements est dans le « et », à l'image du magnifique proverbe mélanésien qui affirme qu'il faut « être à la fois arbre et pirogue ».

L'arbre symbolise la continuité entre passé et présent, par ses racines profondément ancrées dans la culture. La pirogue exprime la nécessité du mouvement, de l'agilité et la beauté de la conquête de nouveaux territoires. Ainsi, Cabasse, célèbre fabricant d'enceintes haute-fidélité, a-t-il décidé de réaffirmer ses valeurs traditionnelles – artisanat, culture du beau produit, qualité acoustique, innovation – *et* d'y ajouter trois valeurs nouvelles – l'efficacité industrielle, le benchmarking * et la rentabilité –, avec un mot

* Le mot benchmarking, qui vient du vocabulaire des géomètres, désigne couramment l'élaboration d'un étalonnage par comparaison entre les performances de plusieurs entreprises.

d'ordre consensuel : « Pour continuer à faire rêver. » En effet, plus l'on travaille sur le côté arbre, en consolidant et en renforçant encore ses points forts et ses talents, plus il est facile de mobiliser les équipes sur le côté pirogue.

Quand il s'agit d'ajouter du mouvement sans casser ce qui marche, quand il s'agit de progresser sans renier ce que l'on a été, les hommes répondent présents. Ernest Renan avait écrit : « Les vrais hommes de progrès sont ceux qui ont pour point de départ un respect profond du passé. »

Les bonnes idées d'ici et d'ailleurs

Où trouver les idées et les pratiques qui alimentent les progrès de l'organisation ?

De nombreux dirigeants encouragent, avec raison, la recherche active d'idées à l'extérieur : participation à des clubs de dirigeants, visite d'autres entreprises, organisation de conférences et séminaires animés par des consultants, lecture d'ouvrages et d'articles innovants, recrutement de cadres et de dirigeants issus d'autres secteurs d'activité...

La promotion de la parité hommes-femmes et de la diversité – dans les âges, les cultures, les compétences, les profils de personnalité, etc. – procède en partie de la même dynamique. La « consanguinité » est en effet une des tares qui menacent le plus les organisations, à cause du risque de pensée unique.

Cependant, comme l'ont notamment démontré les universitaires américains Richard Tanner Pascale et Jerry Sternin[2], il est important de faire appel, aussi et surtout, aux meilleures méthodes développées en interne, pour faire adopter et généraliser de nouvelles pratiques qui s'opposent aux habitudes et à la culture existantes. La démonstration en a été faite sur des thèmes aussi différents que l'évolution des méthodes commerciales chez Goldman Sachs, la lutte contre l'échec scolaire en Argentine ou la prévention de l'excision en Égypte. Alexandre Jardin[3] a également démontré l'obtention en France d'améliorations significatives et rapides dans les collèges difficiles et dans les prisons, grâce à la généralisation de bonnes pratiques.

Les résistances au changement, au sein d'une communauté, sont en effet surmontées beaucoup plus facilement lorsque les innovateurs sont des membres de cette communauté.

Trouver les idées à l'extérieur *et* à l'intérieur, puis les généraliser : le « et » est donc, là encore, un facteur crucial d'accélération des progrès de l'organisation *.

En conclusion, la complexité grandissante du monde oblige souvent à passer du choix réducteur du « ou » au choix cumulatif du « et ». L'enseignement managérial doit continuer à évoluer pour former les esprits à cette nouvelle forme de raisonnement et d'action, à l'exemple de Henry Mintzberg, qui invite étudiants et dirigeants à aller au-delà des « demi-vérités[4] ».

De plus, lorsque l'environnement subit des bouleversements rapides, il faut passer du « et minimal » (un peu de A et un peu de B) au « et audacieux » : oser un maximum de A et un maximum de B.

---

* Voir également, à la fin du chapitre V, une autre illustration du concept du « et » : les équipes performantes composées de « cavaliers » et de « bénédictins ».

IV

Le pilotage stratégique

Les visions économique et humaine

« Pour réaliser une chose vraiment extra-ordinaire, commencez par la rêver. »

Walt Disney

L'un des symptômes de la « panne de management » qui affecte beaucoup d'organisations aujourd'hui est leur difficulté à énoncer des perspectives crédibles et mobilisatrices pour leurs principaux acteurs.

Les pistes d'action proposées ici concernent l'élaboration d'une vision économique et d'une vision humaine ainsi que la nécessité d'un nouveau « marketing humain », afin de pallier le déficit de sens dont souffrent beaucoup d'entreprises.

Plans surannés et procédures surabondantes

Quels seront, dans seulement six mois, le cours du dollar, le prix du baril de pétrole, l'évolution de la demande dans les pays de l'OCDE ? Personne n'en sait rien. Quels sont les mouvements de fusions-acquisitions à attendre dans les deux ans qui viennent dans les secteurs d'activité les plus compétitifs ? Aucun expert sérieux ne se hasarde plus à tenter de le prédire.

La plupart des grandes entreprises continuent toutefois

à élaborer consciencieusement des « plans » à trois, voire cinq ans, pour tenter – en vain évidemment – de planifier l'imprévisible.

Ces plans ont généralement les caractéristiques suivantes : ils constituent avant tout une approche chiffrée, de type « budget pluriannuel » ; ils sont une extrapolation des tendances et des chiffres observés dans le passé récent et sont fondés sur des hypothèses de relative stabilité de l'environnement ; ils concentrent une somme énorme d'expertise et d'intelligence pour détailler jusqu'à deux chiffres après la virgule une multitude de données, plusieurs années à l'avance ; ils annoncent un avenir souriant sans rupture majeure d'aucune sorte. Surtout, ils tendent très logiquement à reporter l'essentiel de la croissance à plus tard, puisqu'on connaît les obstacles d'aujourd'hui et qu'on ignore encore ceux de demain. Enfin, se diront les plus cyniques, parce qu'il sera toujours temps de décaler les objectifs dans le cadre d'un plan « glissant » sans jamais être mis personnellement en échec (cf. la courbe de croissance typique d'un plan à cinq ans en annexe 2, p. 225).

Bien évidemment, la réalité ne s'avère jamais conforme à ces plans : l'ambition de croissance n'est pas assez forte pour provoquer dès le départ une « mise sous tension » suffisante de l'organisation, l'environnement se révèle souvent plus défavorable que prévu, des changements majeurs externes et internes interviennent, des opportunités s'effacent et d'autres apparaissent... Les chiffres sont révisés dans le cadre d'un plan glissant et l'utilité du considérable travail prospectif initial se révèle, en fin de compte, très peu productif.

Le plan est même fondamentalement contre-productif

car il limite les ambitions à court terme, tout en fixant un cadre étroit aux projets et conduit à négliger des opportunités qui permettraient d'atteindre beaucoup plus vite des objectifs plus ambitieux.

Un autre travers de l'entreprise moderne est l'omniprésence des procédures. En effet, il est progressivement apparu indispensable de décrire dans le moindre détail l'ensemble des activités de l'organisation. Dès lors, il est soudain urgent de garantir la conformité de chaque geste – autrement dit, l'obéissance de chaque collaborateur – grâce à une parfaite traçabilité de toutes les actions menées.

Le néotaylorisme qui en résulte aujourd'hui dans la plupart des grandes organisations dispense chacun de se poser trop de questions. Suivre docilement et rigoureusement les procédures est la façon la plus sûre d'obtenir, a minima, la paix et, idéalement, une convenable progression de carrière.

Comme les substances nocives, la procédure a malheureusement un effet addictif : le collaborateur est désemparé dans les situations non expressément prévues dans les règlements. Que faire là où le manuel de procédures est muet ? De plus, chaque dysfonctionnement, chaque incident, chaque échec est interprété comme la preuve d'un manque de précision des règles à respecter. Alors il faut toujours plus de règles, de normes et de procédures pour encadrer les pas de chaque collaborateur dans les organisations orwelliennes d'aujourd'hui.

Enfin, plus les règles sont nombreuses, plus elles tendent à se contredire. C'est pourquoi les bureaucraties modernes laissent en réalité une grande liberté aux collaborateurs les plus astucieux. Ceux-ci jouent habilement avec les failles du système au bénéfice de leurs intérêts, de leur confort ou de leurs valeurs personnelles.

Les cinq choix de la vision économique

La faillite des plans et l'absurdité des procédures surabondantes ont conduit les dirigeants les plus éclairés à développer le concept de vision. La vision est ainsi, depuis une dizaine d'années, un outil essentiel de direction des quelques entreprises pionnières, après le projet d'entreprise développé dans les années 1970 *.

Le mot a été employé avec différentes acceptions. Si, au début, une vision se résumait souvent à quelques chiffres : « franchir la barre des 10 milliards d'euros de chiffre d'affaires avec une rentabilité opérationnelle de 6 % », aujourd'hui une vision exprime généralement une ambition plus large, formulée de façon plus imagée et plus complète.

Certaines visions, les plus classiques, sont principalement orientées vers la création de valeur à travers la conquête de marchés et la recherche du leadership dans les métiers choisis, comme l'illustrent Lafarge (« Être le leader incontesté des matériaux de construction »), Bohringer Ingelheim (« La valeur par l'innovation ») ou Gillette (« Construire la pleine valeur de la marque »).

* Suivant la voie tracée par Antoine Riboud, PDG de BSN, sa filiale verrière, Glaverbel, a développé le premier projet d'entreprise européen – économique et humain – en 1977.

D'autres entreprises, de plus en plus nombreuses, privilégient dans la formulation de leur vision leur apport aux clients ou à l'environnement sociétal, comme Ikea (« Un meilleur quotidien »), Anheuser-Bush (« Ajouter au plaisir de vivre »), Visa (« Un monde dans lequel acheteurs et vendeurs peuvent commercer à tout moment, en tout lieu et de la façon qu'ils choisissent »), Toyota (« Harmonie avec les gens, la société et l'environnement »), Panasonic (« Élever la qualité de la vie partout dans le monde »).

D'ailleurs, dans le secteur des technologies, les grandes réussites sont toutes liées à la force d'une vision métier : Microsoft s'est ainsi construit à la fin des années 1970 autour de l'idée de la généralisation de la micro-informatique et du concept du système d'exploitation. SAP s'est imposé sur le thème de la gestion informatisée de toutes les ressources d'une entreprise, tandis que Google a construit son monde autour de la recherche d'informations sur internet (« Organiser à l'échelle mondiale les informations dans le but de les rendre accessibles et utiles à tous »). Pour Dassault Systèmes, fondé en 1981, c'est l'idée que la figuration en trois dimensions sur un ordinateur permettrait conception, simulation et fabrication sans recours à un support physique [1].

Certaines visions, enfin, sont davantage tournées vers l'entreprise elle-même et privilégient la reconnaissance et la fierté : « Être l'entreprise mondiale d'énergie la plus admirée » (ChevronTexaco), « Être l'entreprise de conseil et d'intégration de systèmes la plus influente et la plus respectée au monde » (Bearing Point), « Être une entreprise gagnante avec une âme resplendissante » (HP), « Bâtir une organisation de classe mondiale, faire partie des entreprises de services financiers les plus valorisées et les plus admirées dans le monde » (Barclays).

Dans tous les cas, la vision exprime une ambition élevée, dont l'échéance n'a pas besoin d'être fixée très précisément.

Carnaud a décliné dès les années 1980 une vision économique en cinq choix fondamentaux.

Tout d'abord, le choix des métiers : certains métiers – habituellement les plus nombreux – sont à développer rapidement, d'autres sont à quitter, d'autres encore sont peut-être à acquérir ou, mieux, à créer.

Le choix des clients est également primordial. La vision permet de cibler les types de clients à fidéliser et développer et ceux qu'il faut conquérir. L'évolution récente de la pensée stratégique démontre la pertinence des visions qui ouvrent à l'entreprise de nouveaux espaces de jeu, en ciblant des clientèles potentielles qui ne sont pas encore actives sur le marché[2].

Le périmètre géographique est le troisième choix. Quels sont les pays et/ou les continents prioritaires ?

L'identification des principaux partenaires stratégiques – en amont ou en aval de la chaîne de valeur * – est le quatrième élément clé de la vision. Certains partenariats ont pour objet la complémentarité des compétences au service des clients, d'autres sont surtout un facteur de vitesse : « faire avec d'autres, à coup sûr et tout de

* Par exemple : en amont, des laboratoires de recherche ou des sous-traitants de production ; en aval, des prescripteurs ou des circuits de distribution.

suite » plutôt que « faire tout seul, peut-être et plus tard ».

Enfin, le choix d'un avantage compétitif est déterminant pour différencier sa stratégie de celles des concurrents qui auraient choisi les mêmes métiers, clients, périmètre géographique et partenaires prioritaires.

Chacun connaît les trois stratégies décrites par Michael E. Porter[3] – domination par les coûts, différenciation, focalisation – et le risque de « l'enlisement dans la voie médiane ».

D'autres auteurs[4] ont actualisé ce concept en liant le choix de l'avantage compétitif à celui d'un certain type de clients : l'excellence opérationnelle – à l'exemple de Dell – pour bâtir sa croissance sur les clients sensibles au rapport qualité-prix, l'« innovation » – à l'instar d'Apple – si l'on veut privilégier les clients en attente de hautes performances technologiques et de modernité, l'intimité client – à l'exemple de Darty – si l'on veut cibler en priorité les clients attachés au sur-mesure et à la qualité relationnelle. Il s'agit de prendre l'avantage sur un de ces trois choix, tout en veillant à ne pas se laisser distancer par la concurrence sur les deux autres. Il s'agit d'un choix stratégique fondamental et de longue haleine, car il va déterminer la culture de l'entreprise.

La vision économique embrasse donc avec ambition des métiers, des clients, un périmètre géographique, des partenaires et un avantage compétitif stratégique.

Il faut la compléter par des valeurs partagées. En quoi croyons-nous ? Qu'est-ce qui est supérieurement important pour nous ? Certaines organisations proclament des valeurs de combat – courage, vitesse, audace... –, d'autres privilégient par exemple des valeurs d'écoute et de conseil, ou encore des valeurs liées au développement du capital humain : professionnalisme, « fun » au travail, travail en équipe, épanouissement personnel.

Cette démarche ne s'applique pas seulement à de très grandes entreprises. Ainsi, Verlingue est une entreprise familiale de courtage d'assurances d'entreprises qui emploie 500 personnes et obtient régulièrement une croissance et une rentabilité très supérieures à la moyenne de son secteur. Elle a formulé et résumé sa vision économique comme suit.

Métier : protéger l'activité et les collaborateurs des entreprises clientes.

Clients : avant tout les moyennes entreprises (de 100 à 5 000 personnes) rentables et en croissance, ainsi que quelques très grandes entreprises pour des prestations de niche. Ne sont ciblées que des entreprises ouvertes à des relations d'affaires stables dans la durée.

Priorités géographiques : la France, le Royaume-Uni et progressivement l'Europe avec un ancrage dans les régions et un accompagnement des clients partout dans le monde à travers un réseau international.

Partenaires : des fournisseurs peu nombreux, solides, fiables, à forte sécurité financière, capables d'accorder à la société une forte délégation de gestion et une rémunération élevée justifiée.

Avantage compétitif stratégique : une pratique originale du métier, caractérisée par un très haut niveau d'écoute active, un traitement très individualisé de chaque client, un langage particulièrement clair et une qualité de gestion qui simplifie la vie du client.

Ambitions économiques : doubler de taille en cinq ans tout en accroissant encore de cinq points le taux de rentabilité.

Elle a retenu les valeurs suivantes : satisfaction du client, relations humaines fortes, performance, pérennité. Chacune de ces valeurs est « prouvée » par des réalisations marquantes, déclinée en plans d'action et encouragée au quotidien par la direction.

Elle y a ajouté ses fiertés qui sont la qualité des équipes et la reconnaissance des clients, récompensés par les performances en conquête, fidélisation et rentabilité.

Cette vision, ces valeurs et ces fiertés sont très largement partagées par l'équipe de direction, par les collaborateurs mais aussi par nombre de ses clients. Ainsi, collaborateurs et clients contribuent de façon significative à la qualité des recrutements, grâce à un effet de bouche à oreille très favorable dans toutes les régions d'Europe où l'entreprise est déjà présente.

La vision et les valeurs revêtent, pour toute entreprise, une importance fondamentale. En effet, si leur degré d'appropriation par le corps social est suffisant, elles fournissent à chacun les repères dont il a besoin pour agir avec de plus en plus d'autonomie. Plus la vision et les valeurs sont claires et partagées, moins il est nécessaire d'encadrer les hommes avec des plans, des budgets, des procédures et des règles de tous ordres. On se rapproche ainsi de l'autogestion.

Fondateur de Southwest Airlines dont nous avons évoqué les résultats phénoménaux depuis trente-cinq ans *, Herb Kelleher explique : « Si vous créez un environnement dans lequel les gens participent réellement à quelque chose qui a du sens pour eux, parce qu'ils considèrent que ça en vaut la peine, vous n'avez pas besoin de les contrôler. Et plus les gens vont se dévouer volontairement à la cause de votre organisation, moins vous avez besoin de mécanismes d'encadrement et de contrôle. »

Quel est alors le rôle du leader, face à des collaborateurs profondément motivés par la vision et les valeurs de l'organisation au sein de laquelle ils travaillent ?

Près de trente ans après Jan Carlzon, le président de SAS qui avait inventé le concept de la « pyramide inversée »[5] et après CarnaudMetalBox qui avait érigé en valeur et mode opératoire « Oser faire confiance a priori et contrôler a posteriori », Herb Kelleher apporte une réponse encore plus directe : « J'ai toujours pensé que le meilleur leader est un serviteur. »

La vision est un outil d'une puissance phénoménale. Par exemple, en redéfinissant sa vision comme « Apporter la santé par l'alimentation au plus grand nombre », Danone a changé de dimension. En effet, sur les marchés des pays développés, l'abondance de biens matériels et d'aliments est telle que la satisfaction des besoins élémentaires ne crée plus, à elle seule, de valeur[6]. Avec sa vision, Danone dépasse la réponse à une demande basique et déjà largement couverte par une offre pléthorique (l'alimentation) pour s'intéresser à une aspiration supérieure et potentiellement sans limite : la quête de santé.

* Cf. chapitre I.

Ceci ouvre la voie à la création de nouvelles catégories majeures de produits. De plus, sur les marchés émergents et surtout dans les pays les plus déshérités de la planète, dont la plupart des habitants n'avaient jusqu'alors pas accès à l'offre de Danone, cette vision a inspiré à l'entreprise de nouvelles initiatives – à l'exemple du partenariat noué avec le Prix Nobel de la paix Muhammad Yunus au Bangladesh – porteuses de croissance, de rentabilité, mais aussi de sens.

Enfin, la vision s'avère par ailleurs un formidable défi aux lois de la vie... La loi bien connue du cycle de vie des produits, mise en évidence par Levitt en 1965, démontre en effet qu'après les phases d'introduction, de croissance puis de maturité, viennent le déclin et la disparition. Cette loi du cycle de vie s'applique aussi aux êtres vivants et même, dit-on, aux empires et aux civilisations. Beaucoup pensent qu'elle s'impose également aux organisations. Ce n'est heureusement pas une fatalité, puisque des visions successives permettent à l'entreprise de redéfinir ses ambitions et sa stratégie pour anticiper et déjouer les phases de déclin (cf. annexe 3, p. 226).

C'est ainsi que l'entreprise peut se renouveler à travers des visions successives et construire des succès durables, avec des taux de croissance élevés sur de très longues périodes[7].

Ajouter une vision « humaine »

La question de la place du collaborateur dans la vision de l'entreprise est essentielle. En élaborant en 1972 son double projet économique et social, Antoine Riboud, fondateur du groupe Danone, était un visionnaire et un précurseur. En effet, le salarié d'aujourd'hui ne veut pas être considéré comme une simple ressource au service des desseins des dirigeants ou des actionnaires.

La vision doit donc « parler » à chaque collaborateur très directement et intimement : en invitant celui-ci à partager des buts nobles dont il tirera fierté, mais aussi en lui offrant des perspectives d'épanouissement professionnel.

Une vision axée sur la croissance, la rentabilité et la réputation est, certes, indispensable. Est-elle pour autant, en elle-même, de nature à mobiliser tous les collaborateurs ? Les collaborateurs se retrouvent-ils totalement dans les défis boursiers ou les rêves de grandeur de leurs dirigeants ? De moins en moins, surtout s'ils ne sont pas (encore) actionnaires de leur entreprise.

La défiance croissante des ouvriers et des chômeurs, mais aussi des classes moyennes et supérieures vis-à-vis du discours des élites est criante, dans toutes les enquêtes d'opinions mais aussi lors des échéances électorales, comme on l'a vu en France au premier tour de l'élection présidentielle d'avril 2002 puis lors du référendum sur la Constitution européenne en mai 2005.

Or, les collaborateurs ne peuvent être durablement mobilisés que s'ils sont personnellement fiers des buts et des réalisations de l'organisation au sein de laquelle ils travaillent. Il n'y a au fond que trois raisons principales d'être fier de son entreprise.

La première – la plus fragile – tient au prestige lié à la réussite et au standing de l'entreprise, voire au charisme du dirigeant. Ce ressort de motivation dépend étroitement du niveau de responsabilité et de l'ancienneté de la personne dans l'organisation. La réussite de l'entreprise fournit une « carte de visite » appréciée, mais rarement un facteur de mobilisation durable pour la masse des collaborateurs, surtout dans les très grandes organisations.

La seconde raison d'être fier de son entreprise peut tenir au caractère attractif du métier : travailler dans les hautes technologies, dans le secteur du luxe, dans le milieu du sport ou de l'automobile, par exemple, est en soi un facteur de motivation pour de nombreux collaborateurs. Cependant, une fois passée la joie d'avoir rejoint ce type de secteur, le fait d'y travailler dans une entreprise plutôt que dans une autre n'est plus mobilisateur à lui seul.

La troisième raison touche à l'utilité sociale de l'entreprise. Le sentiment de pouvoir apporter – mieux encore que les autres – des choses aussi utiles qu'une nourriture saine à des enfants, des loisirs enchanteurs à des familles ou des médicaments efficaces à des personnes qui souffrent, est par exemple un ressort puissant de motivation.

Reprenons l'exemple de Southwest Airlines. Quelle est donc la cause à laquelle se dévouent ses employés ? Une ambition de cette compagnie low cost est notamment de donner l'opportunité de voyager à des gens qui sinon ne l'auraient pas : permettre à des grands-parents d'aller rejoindre leurs petits-enfants pendant les vacances scolaires, à une maman d'emmener son fils voir un grand match de base-ball à l'autre bout des États-Unis pour moins cher que le billet d'entrée au stade, etc. C'est parce que les collaborateurs sont pénétrés de cet idéal qu'ils manifestent un niveau d'engagement sans équivalent. Ainsi, un employé au sol, face à un couple de passagers désemparés car n'ayant pas les papiers nécessaires pour embarquer leur chien à bord, leur a offert de garder gratuitement l'animal chez lui, pendant les deux semaines du voyage ! Ceci n'est pas le fruit du hasard : la compagnie communique constamment en interne des exemples marquants d'expériences clients et d'efforts particuliers faits par les collaborateurs.

De même, Southwest a pour ambition d'apporter au passager une expérience de voyage particulièrement agréable dans une ambiance amicale et chaleureuse. Ceci a un impact direct sur la façon dont les employés à bord sont dirigés – ou plutôt se dirigent. Ceux-ci doivent être eux-mêmes : ils n'ont pas de consigne formelle sur la façon de souhaiter la bienvenue à bord ou de répondre aux demandes des passagers. Ils disposent en revanche d'un « Fun Book » qui leur suggère des idées pour créer ou entretenir un climat festif à bord : veulent-ils par exemple proposer aux passagers de chanter des chansons ou de faire des jeux ? En première classe, le concours du « plus gros trou aux chaussettes » remporte souvent un franc succès... mais rien n'est obligatoire !

Herb Kelleher explique : « Il y a plein de façons de réussir. Des individus ayant des personnalités différentes, des pratiques différentes et même des valeurs différentes peuvent réussir à offrir au passager une expérience singulière au même niveau, dès lors que leurs pratiques et leurs valeurs sont authentiques. »

Southwest montre ainsi l'exemple : les deux clés fondamentales de la réussite, pour toute entreprise, sont de redécouvrir le sens de son métier et d'aimer ses clients.

La banque contribue aux projets les plus essentiels de la vie des familles et des entrepreneurs qui sont ses clients. La compagnie d'assurances apporte une aide significative auprès de personnes victimes de grands coups durs. Grâce au fabricant de meubles, des gens vont avoir la joie de transformer leur intérieur pour se sentir encore mieux chez eux... Tous les métiers sont nobles, mais de nombreux dirigeants l'oublient – obnubilés par leurs objectifs financiers – et de nombreux collaborateurs finissent par l'ignorer.

Les trois axes de la vision humaine

Quelle est la hiérarchie des priorités entre l'actionnaire, le client et le collaborateur ? Tout dépend du point de vue que l'on adopte.

Du point de vue de l'actionnaire, le collaborateur et le client sont souvent perçus comme une sorte de mal nécessaire : peu fidèles, jamais contents, toujours plus exigeants... alors que le but premier de l'entreprise est selon lui de rapporter de l'argent. Du point de vue du client, l'actionnaire importe peu. Le collaborateur joue en revanche un rôle essentiel, la raison d'être de l'entreprise étant de délivrer des produits et/ou des services de qualité. Du point de vue du collaborateur, si l'actionnaire est accepté par la force des choses, les deux fonctions essentielles de l'entreprise sont de servir les clients, mais aussi et surtout de lui apporter un travail et une rémunération satisfaisants. Et du point de vue de l'entreprise elle-même ?

Revenons à Herb Kelleher, fondateur de Southwest Airlines : « On me demande souvent s'il faut mettre en premier l'intérêt des employés, celui des clients ou bien celui des actionnaires. Ma réponse est très simple. Ce sont les intérêts des employés qui doivent arriver en premier. Si vraiment vous traitez vos employés de cette façon, ils traiteront les clients de façon convenable, les clients reviendront à vous, et c'est ce qui rendra vos actionnaires heureux. Ainsi, il n'y a pas photo. »

Ce qui frappe, quand on observe les grandes entreprises, c'est que la plupart des « visions » exprimées par les dirigeants sont très centrées sur l'actionnaire, parfois sur le métier et le client et, rarement, sur l'environnement sociétal, mais qu'elles ne font pas une grande part aux hommes et aux femmes de l'entreprise.

Or, l'épanouissement professionnel des collaborateurs est un moyen privilégié pour obtenir une efficacité économique et financière, mais aussi une finalité : les collaborateurs doivent bénéficier des progrès auxquels ils contribuent. L'entreprise doit donc porter une vision humaine complémentaire de la vision économique. Cette vision humaine doit tendre à apporter aux collaborateurs quelque chose de grand, d'unique, quelque chose que les meilleurs concurrents ne pourront pas égaler. Il s'agit de leur apporter plus d'avoir, plus de mieux-être et plus de savoir.

Développer l'avoir, c'est notamment offrir, dans la mesure du possible, des emplois durables – ou, à défaut, de l'employabilité – et des progrès en matière de rémunération fixe, de bonus individuels et collectifs, d'avantages sociaux et d'actifs patrimoniaux (actionnariat salarié).

Viser le mieux-être, c'est améliorer les conditions de travail, la santé, la sécurité, l'autonomie, l'écoute, la reconnaissance et le plaisir dans la vie professionnelle.

Accroître le savoir, c'est développer des compétences individuelles et collectives spécifiques, de nature à fonder à la fois un avantage concurrentiel pour l'entreprise et un gage d'employabilité et si possible de progression de carrière pour les collaborateurs.

Se doter d'une vision humaine, c'est affirmer la volonté d'apporter à ses collaborateurs un avantage spécifique par rapport aux autres entreprises, sur une de ces trois dimensions – par exemple le « mieux-être » –, tout en se plaçant au niveau des meilleures sur les deux autres volets – par exemple l'avoir et le savoir. Cette recherche d'un avantage compétitif humain est un choix stratégique fondamental qui, comme l'avantage compétitif économique, détermine la culture de l'entreprise.

Le comité exécutif d'Orange France s'est posé ces questions en 2003, alors qu'il avait dans un premier temps défini sa vision sous un seul angle économique et financier : « rester le leader et devenir le plus profitable » dans son métier et sur son marché géographique. Convaincu qu'il n'y a pas de progrès économique durable sans progrès humain, son président de l'époque Didier Quillot * avait décidé de formuler pour la première fois, parallèlement à sa vision économique, une vision humaine : « avoir les collaborateurs les meilleurs

* Après sa réussite chez Orange, Didier Quillot a pris la présidence de l'ensemble des activités média du groupe Lagardère.

et les plus heureux professionnellement », choisissant de privilégier les deux axes du savoir et du mieux-être. Cette vision était déclinée en cinq priorités compréhensibles par tous, s'agissant de « renforcer l'efficacité des formations individuelles », de « bâtir les parcours de formation collective », de « faire des RH et des managers des partenaires », de « développer la reconnaissance individuelle, dans la transparence » et même de retrouver un « sens de la fête » un peu oublié depuis quelques années. L'énoncé d'une telle vision a, dans un premier temps, suscité la surprise et une certaine incrédulité dans une partie de l'encadrement supérieur et intermédiaire de l'entreprise. Les « vraies » priorités n'étaient-elles pas commerciales et financières ? S'agissait-il d'un effet d'annonce sans lendemain ?

Trois ans après, pourtant, l'enquête menée de façon anonyme par Ipsos auprès de l'ensemble des collaborateurs d'Orange France apportait des résultats saisissants. Le nombre de collaborateurs qui se déclaraient « heureux professionnellement chez Orange France » avait augmenté de 46 %. Les deux tiers des collaborateurs exprimaient le sentiment « d'avoir vraiment progressé dans l'exercice de [leur] métier » au cours des derniers mois. Le pourcentage de ceux qui avaient déclaré que « l'entreprise est attentive à la dimension humaine » avait progressé de 14 points, ceux qui pensaient que « l'entreprise sait valoriser ses collaborateurs » étaient plus nombreux de 14 points. Il est clair que cette évolution a largement contribué à la poursuite des succès commerciaux, économiques et financiers d'Orange sur la période considérée et qu'elle constituait évidemment aussi un atout déterminant pour la période suivante *. Ces résultats sont aussi à apprécier pour eux-mêmes, car ils concrétisent des progrès de l'entreprise dans la réalisation de sa vision humaine, tournée vers l'épanouissement professionnel de chacun des collaborateurs.

Naturellement, il ne suffit pas d'affirmer une « vision humaine » pour susciter enthousiasme et engagement chez les collaborateurs. Une communication maladroite peut même avoir l'effet inverse : perplexité, sarcasmes, voire sentiment d'humiliation si les collaborateurs se sentent manipulés par une direction hypocrite.

Cette approche ne peut être affichée auprès du plus grand nombre qu'après un solide travail d'appropriation par les cadres dirigeants puis par l'encadrement intermédiaire, et après que des premières actions significatives ont rendu crédible l'ambition de l'entreprise en faveur de ses collaborateurs.

C'est pourquoi, dans le cas d'Orange France, les premières actions de communication se sont limitées aux « top 100 », puis aux « top 500 ». Une série d'opérations emblématiques ont été engagées, parmi lesquelles les « trophées Orange », pour apporter de la reconnaissance à des collaborateurs méritants qui restent habituellement dans l'ombre, « Orange mômes », pour inviter tous les enfants des collaborateurs sur le lieu de travail de leurs parents, ou encore la « journée des talents d'Orange France », au cours de laquelle plusieurs dizaines de colla-

* Début 2006, Orange a été récompensé par un « trophée des binômes PDG – DRH ». Le prix a été remis à Didier Quillot ainsi qu'à Catherine Jacolot et Jocelyne Motard, alors respectivement directeur du management et directeur des ressources humaines d'Orange France, qui ont porté ce projet avec l'aide de Korda & Partners.

borateurs volontaires ont partagé avec leurs collègues leur passion de la peinture, du théâtre, de la sculpture, de la musique ou de la danse. Une fois ces opérations réalisées avec un vif succès, une communication a été mise en œuvre auprès de l'ensemble des collaborateurs pour exprimer la vision humaine de l'entreprise et donner ainsi tout leur sens aux différentes actions auxquelles chacun avait pu participer ou assister. Le terrain était alors mûr pour engager d'autres actions, moins spectaculaires mais plus ambitieuses sur le fond.

Réconcilier les capitalismes financier et rhénan

Même si certaines entreprises ne l'ont pas attendu pour définir et déployer des stratégies RH parfois ambitieuses, ce concept est nouveau et simple, en ce qu'il place le collaborateur au centre du projet de l'entreprise et pas seulement en position de « ressource ». Il mérite d'être expérimenté davantage, encore amélioré et mûri. Il ouvre le champ à de nouvelles réflexions qui passionneront dirigeants, professeurs et consultants en management et, pourquoi pas, syndicalistes modernes.

Ce qui est certain sur le fond, c'est que dans l'environnement d'aujourd'hui et de demain, les dirigeants qui parviendront à concilier vision économique et vision humaine et à obtenir, dans la durée, des résultats probants dans ces deux domaines donneront à leur entreprise un « supplément d'âme » qui valorisera beaucoup de collaborateurs, de managers, et intéressera beaucoup de candidats... et d'investisseurs financiers.

On peut également parier que de nombreux administrateurs « indépendants » demanderont désormais aux dirigeants qu'ils leur présentent une vision humaine, au même titre que les ambitions économiques et financières qui figurent déjà depuis longtemps dans les plans stratégiques.

En la mettant en œuvre, l'entreprise agit à la fois par humanisme et par souci d'efficacité économique.

Le marketing humain

On a souvent dit qu'une des fonctions les plus cruciales de l'entreprise était le marketing stratégique, c'est-à-dire la capacité d'une organisation à comprendre en profondeur les caractéristiques et les évolutions de son marché, définir ses différents segments de cibles clients, identifier les attentes précises de celles-ci et élaborer des offres parfaitement adaptées.

Même si cela reste vrai, une nouvelle priorité est en train de s'imposer aux organisations soucieuses de disposer des équipes les plus compétentes et les plus engagées : le marketing humain, orienté vers les collaborateurs et vers le marché de l'emploi.

La fonction ressources humaines (RH) est l'une des plus passionnantes de l'entreprise. Elle a déjà beaucoup changé : autrefois très orientée vers la gestion administrative du personnel, elle a évolué vers le management des relations sociales, puis la gestion prévisionnelle des compétences et des emplois ainsi que l'appui à l'encadrement dans l'animation des équipes.

La mutation de cette fonction n'est cependant pas terminée, car le cahier des charges des directions des ressources humaines (DRH) commande aujourd'hui d'attirer et de conserver les meilleurs collaborateurs mais aussi de favoriser, chez tous les salariés, toujours davantage d'implication, d'enthousiasme et de fierté. Le simple respect des obligations du contrat de travail, par les salariés, est en effet bien insuffisant pour faire fonctionner une entreprise !

La DRH est donc aujourd'hui investie d'un rôle très proche de celui de la direction marketing classique, orientée vers les clients.

D'un côté, la direction marketing orientée client doit valoriser l'image de l'entreprise en tant que producteur de produits ou de services, comprendre les attentes des futurs clients choisis * et analyser les offres auxquelles ceux-ci sont exposés, bâtir des avantages concurrentiels, attirer de nouveaux clients, satisfaire les clients pour en réduire le turn-over, inciter les clients à acheter encore plus à l'entreprise et à dire du bien de celle-ci auprès d'autres clients potentiels.

De l'autre, la DRH doit aujourd'hui valoriser l'image de l'entreprise en tant qu'employeur, comprendre les attentes des actuels et futurs collaborateurs et examiner les offres concurrentes sur le marché de l'emploi, bâtir des avantages concurrentiels par rapport aux autres employeurs, attirer de nouveaux collaborateurs, satisfaire les collaborateurs existants et en accroître le taux de rétention. Elle doit aussi inciter chaque salarié à s'investir encore davantage dans l'entreprise et à dire du bien de cette dernière auprès d'autres collaborateurs potentiels !

---

* Cf. « Plans surannés et procédures surabondantes », *supra*, p. 93.

Un des outils essentiels du marketing humain est l'étude de marché employeur, qui vise à mieux cerner ses cibles et déterminer des segments de marché pertinents, identifier ses concurrents sur chacun de ces segments, identifier ses forces et ses faiblesses sur le marché du travail. Le choix de la « marque employeur » est un volet essentiel.

La marque commerciale de l'entreprise, en tant que fournisseur de produits ou services, est un facteur essentiel d'attractivité auprès des consommateurs. Sa « marque employeur » joue un rôle similaire auprès des collaborateurs actuels et potentiels.

Les collaborateurs attribuent en effet à la marque des valeurs de sécurité mais aussi de prestige. Travailler chez Microsoft ou chez L'Oréal est en soi un signe extérieur de réussite, quelle que soit la fonction exercée.

Compass Group, un des leaders mondiaux de la restauration avec plus de 400 000 collaborateurs dans 92 pays, l'a bien compris en se dotant d'une politique de marque employeur extrêmement forte et structurée, autour d'un slogan simple : « Des gens formidables et de vraies opportunités. » Les équipes RH de Compass Group ont effectué un travail considérable pour définir précisément et concrètement la « promesse de marque », mettre en œuvre des plans de progrès et en mesurer les résultats. À titre d'exemple, après deux ans, la seule réduction du turn-over sur le continent américain avait engendré une économie de 6 millions de dollars.

D'une façon générale, les trois types de leviers d'action du marketing humain sont la consolidation des « basiques », la valorisation des métiers et le renforcement du lien affectif entre le collaborateur et l'entreprise *.

Consolider les « basiques »

Les contreparties les plus « basiques » que chaque collaborateur attend portent sur la rémunération et les conditions de travail.

En matière de rémunération, il est de plus en plus indispensable d'offrir et de communiquer une rémunération globale incluant salaire, primes, intéressement, participation, PEE (plan d'épargne d'entreprise), prévoyance, retraite, couverture santé... Certains nouveaux accords salariaux, à l'exemple d'Axa France, incluent même de la rémunération différée **. Le recours aux benchmarks externes est de plus en plus systématique, dans le cadre de l'étude de la « concurrence employeur ». Le « one to one marketing », ou marketing individualisé, en matière sociale, devrait conduire à une recherche croissante de personnalisation des avantages offerts, en fonction de l'âge, de la situation familiale et des préférences de chaque collaborateur – par exemple, entre rémunération immédiate et avantages différés.

---

* Les éléments qui suivent sont notamment tirés du travail d'un groupe de DRH organisé en 2005 par Korda & Partners avec notamment Frédéric Bourdeau (Adecco), Yves Laqueille (ETDE), Christian Lurson (Sodexho), Bernard Meugniot (Coca-Cola France), Cyrille de Montgolfier (Axa), Jocelyne Motard (Orange), Stéphane Nicolas (American Express) et Patrick Plein (Vinci).

** Dans le cas d'Axa France, il s'agit d'un abondement du PERCO (plan d'épargne pour la retraite collectif).

Le logement constitue un problème d'importance croissante, surtout pour les personnels aux revenus modestes : il représente une part du salaire écrasante dans les capitales européennes et fortement croissante dans la plupart des grandes villes. Son coût provoque une fragilité sociale accrue face aux accidents de la vie (divorce, chômage du conjoint, etc.). Certaines entreprises s'impliquent donc de façon croissante pour faciliter l'accès au logement de leurs salariés.

Sur tous ces derniers points, d'autres dirigeants – notamment parmi ceux qui gèrent des effectifs dans de nombreux pays – considèrent en revanche qu'il est plus sage de ne pas prendre en charge les problèmes qu'elles ne sauront pas résoudre à un coût raisonnable et axent leur politique sur les rémunérations fixes et variables.

En matière de conditions de travail, beaucoup reste à faire, notamment en France *, mais le marketing humain conduit aussi des entreprises à aider les salariés à vivre mieux, au-delà du seul cadre professionnel. Elles sont notamment de plus en plus nombreuses à s'engager dans la prévention en matière de santé : bilan sanguin et aide au sevrage tabagique, formation au secourisme, campagnes de vaccination antigrippe, bilan de santé approfondi pour certaines catégories de cadres ou de collaborateurs, aide à la pratique du sport...

L'organisation soucieuse de prendre l'avantage sur le terrain du marketing humain doit être irréprochable sur tous ces « basiques ». Mais il ne suffit pas de faire les choses, il faut les faire savoir.

---

* Cf. chapitre I, p. 26 et suiv.

Aussi, le marketing humain consiste également à mettre en évidence auprès du collaborateur tout ce que l'entreprise lui apporte. Cette communication peut être générale, par exemple grâce à des livrets remis à l'ensemble du personnel qui expliquent et valorisent les avantages apportés en matière de rémunération. Elle peut être plus personnalisée, comme avec le « bilan social individuel ».

Enfin, avec l'accroissement de la compétition sur le marché des compétences, le niveau d'attentes des collaborateurs s'élève et le champ des « basiques » tend à s'élargir rapidement. Ainsi, beaucoup de collaborateurs comptent aujourd'hui que leur entreprise les aide à gérer certains aspects de leur vie privée – démarches administratives, gestion de la garde des enfants ou des soins aux parents âgés, organisation des vacances, etc. – qui ne peuvent souvent être traités que pendant les heures de travail. Ainsi, 63 % des salariés français (près de 70 % pour ceux qui travaillent dans de grandes firmes) estiment que leur entreprise ne prête pas suffisamment d'attention « aux difficultés pratiques qu'ils peuvent rencontrer dans l'organisation de leur vie en dehors du travail [8] » ! D'où le succès fulgurant des nouveaux services de conciergerie d'entreprise et d'aide aux salariés en ligne, à l'exemple de ceux que commercialise Accor Services avec sa filiale Bien-Être à la Carte.

Ainsi, même en matière de « basiques », la course au progrès ne s'arrête jamais.

Valoriser les métiers

Les études de Gallup mentionnées plus haut * ont montré par ailleurs la corrélation entre les performances des unités opérationnelles et le taux de réponses positives des collaborateurs à la question suivante : « Avez-vous l'impression que votre travail est important par rapport aux objectifs de l'entreprise ? » Aussi, les entreprises les plus avancées en marketing humain consacrent des efforts importants à la valorisation des métiers, notamment quand il s'agit des métiers de « terrain », souvent à la fois les plus durs et les moins reconnus.

Par exemple, Sodexho a créé pour ses cuisiniers l'« école des chefs » et, pour les meilleurs d'entre eux, l'« école des toques », afin de donner toute leur place aux métiers de bouche dans le groupe.

Le groupe Bouygues, lui, a depuis longtemps compris la nécessité de valoriser le travail de ses agents de production. Il l'a fait en remplaçant le terme « ouvrier » par celui de « compagnon », ainsi qu'en créant au sein de cette population une élite, les « compagnons du Minorange », qui peuvent participer, avec leurs conjoints, à une rencontre annuelle avec le PDG, disposer d'un signe distinctif (couleur de l'uniforme, insigne sur la poitrine...), bénéficier d'un dispositif de prévoyance renforcé, effectuer des travaux de réflexion et de proposition en commun et être chargés du tutorat de jeunes.

American Express a su exploiter le poids des marques de reconnaissance externe pour valoriser les métiers de son centre d'appels, à l'occasion d'une démarche de certification.

---

* Cf. chapitre I, p. 28-29.

Axa France a fortement valorisé les métiers de la relation client, dans le cadre d'un projet « cap métiers » qui a permis de réorienter vers ces emplois près d'un tiers de son effectif, pour améliorer sa productivité tout en évitant des licenciements. Les conférences suivies de journées portes ouvertes, la présentation des métiers sur des stands installés à l'entrée des restaurants d'entreprise, la large exploitation des supports de communication interne – privilégiant les verbatim de collaborateurs heureux et fiers de leur métier – ont contribué au succès de cette ambitieuse opération.

Orange France a choisi de donner de la visibilité sur les parcours professionnels de ses conseillers clients, en centres d'appel, avec pour résultat un taux de turn-over très nettement inférieur à celui du marché.

Le Club Med a annoncé en mars 2006 le lancement d'une « université des talents » pour développer les compétences de ses G.O. et valoriser ainsi ce métier essentiel pour la qualité de service au client.

Renforcer le lien collaborateur-entreprise

Consolider les « basiques » et valoriser les métiers, ce n'est pas suffisant. Pour obtenir que ses collaborateurs soient « émotionnellement engagés » dans leur travail, les organisations doivent créer et développer un lien affectif entre le collaborateur et l'entreprise. Ce lien s'établit notamment grâce à la reconnaissance individuelle, à la fierté d'appartenance, à l'esprit de fête et parfois aux actions humanitaires.

57 % des salariés français estiment que leur implication

dans le travail n'est pas reconnue[9]. La reconnaissance individuelle constitue pourtant un facteur crucial de performance : ainsi, une corrélation constante a été démontrée entre les performances économiques d'une entité et le taux de réponse positive à la question : « Avez-vous reçu une marque de reconnaissance pour la qualité de votre travail au cours des *sept derniers jours*[10] ? » Cette reconnaissance individuelle passe par une multitude de signes et de détails au quotidien, notamment à l'initiative de l'encadrement. Elle passe également, pour les métiers commerciaux, par des honneurs assortis de récompenses sonnantes et trébuchantes. Certaines entreprises ont également développé des récompenses purement symboliques – « trophées », « oscars »... – destinées à des collaborateurs méritants et qui opèrent souvent dans l'anonymat. L'expérience prouve qu'il faut, dans ce cas, déconnecter totalement la récompense des remises de primes ou éléments salariaux, dépasser les réticences initiales de l'encadrement, établir un processus clair de désignation des lauréats puis remettre des récompenses à l'occasion de réunions, suivant un rituel si possible festif. Certaines entreprises affichent les promotions dans la presse interne et sur l'intranet, et accompagnent l'annonce de chaque promotion d'un mot de félicitations personnalisé du manager. Enfin, les marques de statut constituent parfois des signes de reconnaissance très appréciés, même s'ils exigent un mode de gestion rigoureux.

Toutes les études montrent une grande corrélation entre d'une part la satisfaction au travail, la fidélité à l'entreprise, l'implication au travail et d'autre part l'envie de parler en bons termes de son entreprise à sa famille et à ses proches.

Aussi, il est important d'exploiter les programmes d'action qui valorisent l'entreprise aux yeux du collaborateur : les plans de progrès internes (exemple : « client attitude » dans des centres d'appels), comme les opérations externes telles que le sponsoring d'événements ou de vedettes du sport. Il peut être pertinent de favoriser la participation de collaborateurs à des événements sportifs majeurs. Ils portent les couleurs de l'entreprise à l'autre bout du monde, comme les cent collaborateurs de Bouygues envoyés au marathon de New York, après un programme de sélection et de préparation. On peut alors exploiter l'événement tout au long de l'entraînement et de la compétition, surtout sur les sites dont sont issus les salariés sélectionnés.

À condition, bien évidemment, que le contexte de l'entreprise s'y prête, le « fun » est aujourd'hui souvent un élément d'attachement, d'implication et de motivation important pour les salariés et notamment pour les jeunes. Aussi, certaines entreprises injectent systématiquement du « fun » dans les séminaires, y compris au plus haut niveau. D'autres – et parfois les mêmes – organisent régulièrement des compétitions sportives intra-groupe, avec une implication personnelle de membres de la direction générale.

Par exemple, Orange France a multiplié les opérations festives, le plus souvent à très faible coût. Ainsi, un pique-nique géant a été organisé, à l'occasion de l'anniversaire du lancement de la marque, dans un grand stade parisien à proximité du siège. L'entreprise fournissait à chaque participant un sandwich et une boisson, et chacun apportait une spécialité de son choix (fromage, dessert). Des animations et des jeux étaient organisés sur la pelouse, dans une ambiance bon enfant. Le budget total était inférieur à 15 euros par personne et l'impact a été considérable.

Par ailleurs, les collaborateurs sont de plus en plus nombreux à souhaiter s'impliquer, dans le cadre de leur vie professionnelle, dans des actions de solidarité. Aussi, certaines entreprises développent-elles des partenariats actifs avec des ONG, soutiennent des projets de solidarité, donnent aux collaborateurs du temps et des moyens pour s'investir dans certaines actions de citoyenneté comme Sidaction, Téléthon, Enfants du Mékong... L'efficacité est maximale si l'opération implique la contribution d'un grand nombre de collaborateurs, tout en s'accompagnant d'une réelle discrétion en termes de communication externe. En effet, celle-ci tend à dévaloriser la portée du geste aux yeux de certains collaborateurs qui se sentent alors manipulés dans le cadre d'un « coup de pub ». L'expérience commande de ne pas communiquer massivement sur une politique globale de mécénat mais plutôt – et avec prudence – sur des actions concrètes et spécifiques.

RH et managers partenaires

La mise en œuvre d'un marketing humain efficace ne peut s'envisager que si RH et managers coopèrent main dans la main. C'est loin d'être un acquis dans la plupart des grandes organisations ! Il est donc important, pour la fonction RH, de faire reconnaître sa valeur ajoutée par les managers, mais aussi d'aider les managers à « bien exploiter » les expertises et les prestations de la fonction RH.

L'écoute approfondie des dirigeants et la bonne compréhension des orientations et priorités économiques et financières de l'entreprise sont bien évidemment un préalable à l'élaboration d'une politique RH pertinente.

Au-delà, certaines entreprises, comme GTM Construction, devenue Vinci Construction, effectuent des enquêtes de satisfaction spécifiques auprès de l'encadrement pour identifier les attentes et évaluer la qualité des prestations RH non directement mesurables. En contrepartie, la DRH de Vinci Construction aide les dirigeants opérationnels à conduire les politiques d'adaptation quantitatives et qualitatives d'effectif nécessaires au vu des perspectives stratégiques. Plan RH à moyen terme – avec suivi trimestriel –, comités carrières, *people review* : des opportunités régulières de revue des actions RH sont planifiées.

Une des principales attentes des dirigeants et managers vis-à-vis de la fonction RH est la capacité de celle-ci à savoir adapter les politiques RH aux priorités « métiers ». Ainsi, quand Adecco a dû recruter deux cents commerciaux en urgence lors de l'ouverture du marché du recrutement aux entreprises de travail temporaire, la DRH a su, pour cette population spécifique, déroger aux règles habituelles de rémunération et en abréger, en le condensant, le parcours d'intégration.

La « pédagogie RH » est aussi un facteur de coopération. C'est pourquoi la DRH de Bouygues remet à chaque manager un « guide social du manager » sous forme d'abécédaire.

Le projet le plus abouti en matière de coopération entre RH et managers est probablement celui mené depuis 2004 chez Orange France, dans le cadre du « HR Transformation Program » de France Telecom. Pour ce projet, la DRH d'Orange France a notamment pris l'initiative de définir et communiquer des « engagements de services » de la fonction RH vis-à-vis des managers, de formaliser des « contrats de progrès » RH-managers avec chacune des directions de l'entreprise, de « packager » les prestations à destination des managers sous une forme comparable aux présentations de produits ou services destinés aux clients, de mettre en visibilité tout ce qui existe : portail RH, mais aussi dispositifs spécifiques pour le management, à savoir portail RH pour managers, pass RH du manager... Elle a également créé une lettre d'information RH trimestrielle pour les managers et systématisé les conférences téléphoniques afin d'informer tous les managers des faits marquants de chaque réunion de comité d'entreprise.

D'une façon générale, le marketing de la fonction RH vis-à-vis des managers opérationnels est assurément un impératif croissant.

En définitive, les visions économique et humaine constituent deux leviers simples et puissants du pilotage stratégique, indispensables pour orienter et donner du sens au pilotage opérationnel.

V

Le pilotage opérationnel

Les tableaux de bord de progrès comparés

« Chaque progrès donne un nouvel espoir, suspendu à la solution d'une nouvelle difficulté. Le dossier n'est jamais clos. »

Claude Lévi-Strauss

Une fois définies les visions économique et humaine, comment assurer un pilotage opérationnel efficace, cohérent et motivant ?

Quand on prend conscience des limites du classique management par objectifs, on comprend tout l'intérêt des tableaux de bord de progrès économiques et humains. Il reste alors à maîtriser cinq secrets essentiels à leur mise en œuvre.

Le management par objectifs : un système incontournable ?

Le management par objectifs fait partie des fondamentaux habituellement perçus comme incontournables dans la gestion des entreprises.

Théorisé par Peter Drucker en 1954, le management par objectifs était un système de pilotage révolutionnaire. Il marquait en effet un progrès considérable par rapport aux systèmes purement tayloriens, puisqu'il substituait à la notion de « tâche à effectuer » celle d'« objectif à atteindre », libérant ainsi une marge de manœuvre au profit de l'individu : le travail était évalué sur un résultat et non sur la stricte obéissance aux ordres. Cette notion d'objectif était d'autant plus pertinente que l'individu n'est jamais aussi performant que lorsqu'il poursuit un but précis ; Sénèque l'écrivait déjà il y a deux mille ans : « Il n'est pas de vent favorable à celui qui ne sait où aller. »

Depuis, beaucoup d'expériences ont montré à quel point l'objectif était utile à l'individu. Ainsi, un athlète qui effectue un saut en hauteur a besoin d'une barre à franchir : une simple série de cellules photoélectriques, qui mesure la hauteur du saut sans indiquer matériellement la performance à atteindre, ne permet pas de sauter aussi haut !

On sait aussi qu'une performance est d'autant plus accessible qu'elle est décomposée en différents sous-objectifs, chacun d'eux faisant l'objet d'un programme d'action et de mesures d'évaluation. Un vendeur qui doit réaliser un certain chiffre d'affaires sait par exemple qu'il doit décrocher un nombre précis de rendez-vous avec des décideurs, établir un nombre spécifique de devis, atteindre un taux minimum de transformation, réaliser tel montant de chiffre d'affaires en moyenne par commande, etc. Ces sous-objectifs sont utiles, tant à la motivation qu'au développement des compétences sur chacun des volets d'action.

Par ailleurs, l'existence d'objectifs clairs et bien articulés entre eux est indispensable à toute réalisation collective d'envergure. La réussite du lancement d'un nouveau produit, par exemple, implique la réalisation, en partie simultanée, de nombreuses opérations devant aboutir à la mise sur le marché du bon produit, aux bonnes quantités, au bon coût de revient, avec les bons argumentaires, la bonne tarification, le bon service après-vente, etc. Comment espérer réunir tous ces facteurs de succès si les principaux responsables ne disposent pas d'objectifs précis et partagés, sur la base desquels leurs performances seront évaluées ?

Le management par objectifs est ainsi devenu le pilier fondamental de la plupart des organisations modernes. Pourquoi alors en faire la critique ?

La prudence paie mieux que l'ambition

Prenons un exemple *. Les patrons de branches d'activité et de divisions du groupe dirigé par Jean-Marie sont évalués sur l'atteinte de leurs objectifs. Cette année-là, un des principaux objectifs est naturellement la croissance.

Un des patrons de branche, Pierre-Louis, se montre extrêmement anxieux. Le marché est difficile, ses clients resserrent leurs budgets, ses concurrents sortent de nouveaux produits...

– Je ne pourrai pas faire plus de 2 % de croissance, avance-t-il.

Jean-Marie, le PDG, explose :

– Il est hors de question que j'accepte un tel objectif ! Il faut au moins 3 % de croissance. Si tu n'en es pas capable, je connais au moins deux types qui sont prêts à le faire !

Pierre-Louis accepte à contrecœur un objectif de 2,8 %.

Un autre patron de branche, Angel, se montre beaucoup plus optimiste.

* Exemple tiré de Carnaud (1986) : hommage (posthume hélas !) à Angel Soto.

– Jean-Marie, tu peux compter sur moi, je propose 15 % de croissance pour l'année qui vient.

Surpris, car le marché d'Angel est presque aussi difficile que celui de Pierre-Louis, Jean-Marie lui demande donc comment il compte procéder. Angel s'explique alors :

– La croissance du marché va représenter à mon avis 2 %. Mes nouveaux produits doivent me faire gagner 5 points supplémentaires. La formation de ma force de vente doit m'aider à gagner encore 3 points de plus sans dégrader les marges. Et les 5 points qui manquent... nous avons encore quatorze mois pour les trouver avec nos équipes !

Jean-Marie enregistre l'objectif de 15 % proposé par Angel. Que se passe-t-il ensuite, pendant l'année ?

Angoissé, mal à l'aise avec son objectif de 2,8 % qu'il trouve trop élevé, Pierre-Louis a du mal à motiver ses équipes. Il déploie des efforts énormes pour atteindre son objectif, calcule tout au plus juste, gère au plus serré. Finalement, et surtout grâce à la croissance du marché qui est meilleure que prévu, il atteint 3 % de croissance.

De son côté, Angel s'efforce de convaincre ses équipes du bien-fondé de son objectif : « On se fait avoir », lui disent ses plus proches collaborateurs. Et, pour tendre vers les 15 % de croissance, Angel sort le grand jeu : décisions courageuses, innovation dans tous les domaines, programmes de progrès, challenges individuels et collectifs... En fin d'année, il frôle la barre des 15 % et réalise une croissance de 13 %.

À l'issue de la clôture de l'exercice, Jean-Marie réunit son équipe de direction et annonce l'attribution des primes : Pierre-Louis, qui a dépassé son objectif, bénéficie d'une surprime. Angel, qui a « échoué », n'aurait droit qu'à une prime amputée de 15 % *.

Un remède souvent pire que le mal

Dans le contexte actuel, le management par objectifs pose plusieurs problèmes de fond.

En premier lieu, les budgets et les objectifs annuels s'avèrent rarement pertinents quelques mois plus tard : plus personne n'est en effet capable de prévoir la croissance d'un marché, l'évolution d'un cours de devise ou de matière première, les mouvements des concurrents, voire le lancement de nouveaux projets dans l'entreprise elle-même. Il est donc devenu impossible de fixer, dans beaucoup d'activités, des objectifs suffisamment réalistes pour avoir encore du sens, à coup sûr, à l'issue de l'exercice considéré.

Ensuite, un objectif élevé inflige de toute évidence une pénalisation injuste au manager qui l'accepte, puisqu'il suppose une prise de risque sans réelle contrepartie. Si on est jugé à l'aune d'un objectif, pourquoi accepter un objectif élevé ? Si, pour la finale du 100 mètres des Jeux olympiques, la fédération indiquait à chaque coureur, en fonction de ses caractéristiques individuelles, un temps spécifique à réaliser pour obtenir une médaille, on imagine l'âpreté des discussions ! La capacité de l'athlète à « négocier » un objectif le plus bas possible deviendrait encore plus déterminante que sa vitesse au sprint, et les

* Pour éviter cette injustice, le comité exécutif de Carnaud a immédiatement changé sa politique d'évaluation des dirigeants.

talents « politiques » seraient mieux récompensés que les performances. N'est-ce pas exactement ce qui se produit trop souvent dans les entreprises ?

Ceci est d'autant plus préjudiciable aux organisations qu'on sait, aujourd'hui, qu'un objectif trop bas condamne généralement à des performances médiocres. En effet, comme l'ont remarqué depuis longtemps les chefs d'entreprise japonais, « il est souvent plus facile de progresser de 30 % que de 3 % » ! Viser 3 %, c'est se condamner à faire simplement « un peu plus ou un peu mieux que d'habitude » et à subir les inévitables événements défavorables : attaque de la concurrence, ralentissement du marché, difficultés techniques ou encore détérioration du climat social (si ce n'est pas les quatre à la fois), qui fourniront autant d'excuses pour faire finalement moins bien que prévu. On ne réalise de grandes choses qu'avec de grandes ambitions et en libérant le potentiel de ses équipes.

Quant à l'objectif « moyen » de compromis, il cumule généralement tous les inconvénients : trop élevé et source de stress négatif pour celui qui devra en répondre, il reste souvent pourtant trop modeste pour libérer l'ambition, l'imagination et l'énergie. Et il s'avère inapproprié en fin d'exercice, dans la plupart des cas, compte tenu des changements intervenus depuis sa fixation.

Cinquante ans après avoir « inventé » le management par objectifs, âgé de plus de quatre-vingt-quinze ans mais plus lucide que jamais, Peter Drucker le disait à la fin de sa vie : « Le management par objectifs fonctionne si vous savez quels objectifs fixer. Or, aujourd'hui, dans 90 % des cas, vous ne pouvez pas les connaître. »

Enfin, qui peut oser affirmer qu'il connaît assez précisément le potentiel de ses collaborateurs pour fixer à ceux-ci un objectif pertinent ?

Il est donc étonnant que la négociation des budgets et des objectifs reste, dans la plupart des entreprises, un rite essentiel qui absorbe une grande partie de l'attention et de l'énergie des managers et des fonctions centrales pendant plusieurs semaines, voire plusieurs mois. Ce rite s'avère en effet souvent inefficace, parfois même nuisible. Le budget, qui constitue l'outil principal de contrôle de gestion de l'entreprise, reflète en effet largement les rapports de forces et les jeux politiques entre les différents niveaux d'encadrement de l'organisation. Il ne peut être un outil utile que lorsqu'il est totalement déconnecté de l'évaluation des personnes qui concourent à son élaboration.

Certes, la notion d'indicateur de performance est incontournable. Certes, aussi, il est très utile à chaque individu de disposer de points de repère précis quant aux performances à atteindre, et à chaque organisation de pouvoir articuler entre eux les objectifs des différents acteurs contribuant à un même projet. Certes, enfin, le management par objectifs est, probablement, parfaitement adapté à des organisations opérant des progressions lentes dans des environnements stables. Mais, dans bon nombre de cas, il devient un obstacle à la performance.

Le management par objectifs ne doit donc plus être le seul système de pilotage des entreprises.

La comparaison des progrès : un déclic

Le management par objectifs est-il irremplaçable ? Poursuivons notre démonstration avec l'exemple de Jean-Marie.

Quand celui-ci réunit à nouveau son équipe de direction, il propose de changer les règles du jeu *. Il se tourne d'abord vers Pierre-Louis et lui demande quels sont ses trois meilleurs concurrents en Europe.

Ce dernier propose immédiatement trois noms. Jean-Marie hoche la tête et pose la même question à Angel. Il vient justement de consulter la veille une nouvelle étude sectorielle et cite sans difficulté les trois concurrents européens qui réalisent les meilleures performances dans son métier.

Jean-Marie leur dit alors :

– Je vous évaluerai chacun sur votre capacité d'une part à progresser au moins aussi vite que la moyenne de vos trois meilleurs concurrents respectifs cette année, sur les aspects économiques, humains et de satisfaction client, et d'autre part, si possible, d'égaler en pourcentage les progrès du meilleur d'entre eux.

Pierre-Louis est interloqué.

– Alors, quel est mon objectif ? demande Pierre-Louis qui n'en croit pas ses oreilles.

– C'est toi qui vois, répond Jean-Marie en souriant.

– Je peux me fixer l'objectif que je veux, construire mon budget comme je veux ? demande Angel. Si je n'atteins pas exactement l'objectif que je me suis fixé mais que je surpasse mes meilleurs concurrents, j'aurai fait plus que remplir mon contrat ?

Jean-Marie approuve de la tête. Pierre-Louis reprend :

– Alors, si le marché s'effondre de 10 %, que je ne

* Le système décrit dans les paragraphes qui suivent est celui qui a contribué à l'exceptionnel développement de Carnaud puis CarnaudMetalBox de 1982 à 1991.

recule que de 5 % alors que nos trois meilleurs concurrents reculent de 8 %, on considérera que j'ai bien fait mon job ?

Et Jean-Marie de préciser :

– Oui, mais inversement, si le marché explose, que tu fais mieux que ton objectif mais moins bien que les autres, ne me demande pas d'applaudir...

Pierre-Louis reprend la parole.

– Oui, mais comment veux-tu comparer mes performances avec celles d'entreprises qui disposent d'atouts complètement différents ? Cela ne me paraît pas juste. En matière de rentabilité, par exemple, nous sommes moins performants car nous avons des coûts de revient plus élevés qu'eux.

– Je ne veux comparer que les progrès, précise Marc. Quel que soit votre niveau de performance de départ, je considère que vous avez la possibilité de progresser, en pourcentage, au moins aussi vite que vos meilleurs concurrents.

– Si on part de plus bas, on a forcément des marges de progression plus importantes, ajoute Pierre-Louis.

– Pas forcément, répond Jean-Marie, car cela peut signifier que ton entité a hérité du passé certains points faibles structurels.

– Oui, mais si on part de plus haut ? Les arbres ne montent pas jusqu'au ciel, s'inquiète Pierre-Louis.

Jean-Marie n'est pas d'accord.

– Si tes performances sont déjà élevées, c'est que tu as des points forts que les autres n'ont pas. Si tu décides d'exploiter encore mieux ces points forts, tu pourras progresser encore plus vite que les autres. Quelles sont les unités qui ont le plus progressé chez nous l'an passé ?

Celles qui étaient déjà les meilleures ! Rappelez-vous : « Les meilleurs deviennent encore meilleurs ! »

Pierre-Louis approuve :

– Ce système libère notre potentiel ! Nous pouvons nous fixer des buts élevés sans craindre de nous faire piéger puisque nous ne serons pas évalués sur l'atteinte de ces buts, mais sur la comparaison de nos progrès avec ceux de nos concurrents.

– De plus, ce système est bien adapté à ces périodes d'incertitude. Nous ne savons pas si le marché va croître ou décroître, ni de combien, mais nous savons que nous sommes payés pour faire mieux que nos concurrents, ajoute Jean-Marie.

– Comment allons-nous diffuser ce nouveau système de management à l'échelon de nos quarante-trois directeurs de division ? demande Angel aussitôt.

– Dans un même métier, on peut très bien comparer les progrès de nos différentes divisions entre elles, et les progrès de notre meilleure division avec ceux de nos meilleurs concurrents, suggère Pierre-Louis.

– Vous pouvez annoncer à vos directeurs de division que vous ne leur assignerez plus d'objectifs, conclut Marc. Nous récompenserons tout simplement ceux d'entre eux qui feront réaliser à leur division les progrès les plus élevés, sur la base de nos indicateurs économiques, humains et de satisfaction client, par comparaison avec les progrès de nos meilleurs concurrents dans le même métier.

En quittant la salle, chacun sent que le développement du groupe va s'accélérer !

La comparaison des progrès

Piloter l'entreprise par la comparaison des progrès – et non par les budgets et les objectifs –, c'est faire le constat de trois évidences : l'incertitude des marchés, les jeux d'acteurs dans l'entreprise et l'existence d'un lien étroit entre niveau d'ambition et performance.

Incertitude des marchés : il est de plus en plus difficile d'établir des objectifs valables lorsque les environnements interne et externe évoluent rapidement. Un objectif pertinent aujourd'hui peut s'avérer irréaliste ou même dénué de sens demain. Face à cette incertitude des marchés, la seule façon pertinente d'évaluer une performance est de comparer l'évolution de celle-ci, sur une période donnée, à celle d'autres acteurs du marché placés dans des situations similaires.

Jeux d'acteurs : chacun déploie la stratégie personnelle susceptible de servir ses intérêts, ceux-ci fussent-ils de carrière, d'argent, de gloire ou simplement de confort. Il ne faut donc pas s'étonner que tant d'énergie soit consacrée par les dirigeants et les managers à la négociation de leurs objectifs, puisque celle-ci détermine – presque autant que les performances elles-mêmes – l'évaluation et la progression de leurs carrières. Face à ces jeux d'acteurs, il est nécessaire de bâtir un système qui oriente les efforts vers l'obtention des progrès plus que vers la négociation des objectifs.

Lien étroit entre niveau d'ambition et performance : seul un niveau élevé d'ambition conduit à mettre en œuvre l'énergie et l'audace nécessaires aux grandes performances. Aussi est-il indispensable que le système de pilotage de l'entreprise encourage l'ambition dans les projets et les plans d'action, plutôt que la prudence, mieux récompensée, on l'a vu, par le management par objectifs.

Le pilotage par la comparaison des progrès repose sur quelques principes simples. On choisit un nombre réduit d'indicateurs comme, par exemple, pour un centre de profit, le chiffre d'affaires, le résultat courant et la trésorerie. Sur chacun de ces indicateurs, on établit un parallèle rigoureux avec les meilleurs acteurs placés dans des environnements comparables. C'est la comparaison des progrès, sur une période donnée, qui permet d'apprécier la performance. Et le budget ? Il devient enfin un outil de gestion utile, car sa finalité est respectée : il sert à planifier et suivre les coûts, et non à évaluer la performance des équipes. La technique du « budget base zéro », qui consiste à élaborer un budget de l'entreprise en faisant abstraction des contraintes liées à l'existant, permet d'avoir une idée du potentiel de progrès accessible.

Les avantages de ce système sont considérables : les ambitions sont libérées, l'énergie est focalisée sur la réalisation des progrès et l'évaluation de la performance est nettement plus pertinente qu'avec le système classique de management par objectifs (cf. le pilotage par comparaison des progrès en annexe 4, p. 227).

La comparaison des progrès est si exigeante que les objections ne manquent guère à ceux que l'expérience inquiète voire effraie. Parmi les objections les plus fréquentes, on trouve les trois suivantes : « Mon activité est très spécifique, il n'existe pas d'entité comparable. Avec qui voulez-vous que je compare mes progrès ? » ; « Mon activité cette année n'a rien à voir avec celle de l'an passé. Quelle signification pouvez-vous accorder aux progrès ? »...

Il appartient au dirigeant de convaincre ses managers qu'une comparaison des progrès, même imparfaite, est presque toujours préférable à l'évaluation sur la seule base d'un objectif prédéterminé plus ou moins arbitrairement.

Les indicateurs de progrès économiques, financiers et humains

Il est étonnant de voir à quel point les tableaux de bord des dirigeants des grandes organisations sont lourds de centaines d'informations à caractère économique (métiers/clients) et financier, intéressantes respectivement pour le manager et l'actionnaire, alors qu'ils sont généralement presque vides d'éléments concernant le personnel. Un bon tableau de bord de progrès doit intégrer trois types de paramètres : les indicateurs de progrès économiques, de progrès financiers et de progrès humains.

Concernant les indicateurs de progrès économiques, il est essentiel de stimuler en priorité les progrès en termes de croissance et de satisfaction client.

L'évolution du chiffre d'affaires, le pourcentage des nouveaux produits et services dans ce chiffre d'affaires, le nombre de clients gagnés et perdus, le taux de satisfaction des clients, la diminution du taux de retours constituent des indicateurs possibles.

Le suivi des progrès dans la satisfaction des clients soulève une question de fond. Faut-il vraiment accroître à tout prix la satisfaction des clients ? En effet, le rendement des actions de satisfaction des clients peut s'avérer décroissant. Ce type de raisonnement est logique mais dangereux. En effet, la satisfaction des clients d'aujourd'hui, sur les segments de marché choisis, a un impact direct sur la croissance et la rentabilité de demain. Accepter d'être distancé ou rattrapé par ses concurrents, c'est prendre un risque important. Il faut donc viser, en matière de satisfaction des clients, des progrès au moins aussi soutenus que ceux réalisés par les meilleurs concurrents.

Les indicateurs de progrès financiers sont plus classiques : il s'agit généralement de la rentabilité d'exploitation (soit en valeur absolue, soit en pourcentage du chiffre d'affaires), de l'endettement net (ou du besoin en fonds de roulement), du bénéfice par action, de la rentabilité des capitaux investis et, dans le cas des entreprises cotées, du progrès comparé de la valeur de l'action avec celui des entreprises du même secteur.

Le suivi des progrès humains est le grand absent de la plupart des tableaux de bord des entreprises. « Impossible à mesurer à court terme et à moyen terme », entend-on souvent. Il existe pourtant un lien avéré entre satisfaction des collaborateurs, satisfaction des clients et rentabilité de l'entreprise, comme l'ont démontré les études de Gallup [1] : il a par exemple été prouvé qu'existait une corrélation étroite entre les performances d'une unité opérationnelle en termes de rentabilité ou de satisfaction client et le taux de réponses positives des collaborateurs à la question : « Au cours de la semaine dernière, quelqu'un vous a-t-il félicité pour la qualité de votre travail ? »

Dans les années 1980, CarnaudMetalBox a vérifié en grandeur nature l'hypothèse selon laquelle les progrès humains étaient indissociables des progrès économiques et financiers. Chaque directeur de division opérationnelle était évalué sur les progrès de son unité – d'un exercice à l'autre – sur trois indicateurs économiques et financiers et trois indicateurs humains. Les trois indicateurs économiques et financiers étaient la croissance du chiffre d'affaires, la progression du résultat courant et la réduction de l'endettement net. Il y avait également trois indicateurs humains : d'une part, l'effort de formation, mesuré par le volume d'heures de formation divisé par le total des heures de travail. D'autre part, l'engagement des salariés, évalué par le pourcentage de collaborateurs participant activement à un programme de progrès décentralisé. Enfin, les gains de productivité, car les syndicats et le personnel avaient admis que rapprocher la productivité de celle des meilleurs concurrents était le principal moyen de préserver l'emploi dans la durée. Les quarante-trois entités opérationnelles ont été évaluées, plusieurs années de suite, sur leurs progrès annuels selon ces deux familles d'indicateurs.

Il fut frappant de voir la corrélation étroite entre progrès économiques et financiers d'une part, et progrès humains d'autre part : les progrès humains, à la fois causes et finalités, entraînent les autres. Certes, il y avait bien deux unités atypiques. Mais celles-ci ont rapidement pu rejoindre cette règle de corrélation, après deux décisions simples de direction générale (cf. schéma en annexe, p. 229).

Quels sont aujourd'hui les meilleurs indicateurs de progrès humains ? Le choix des indicateurs dépend bien sûr des priorités sociales spécifiques de chaque entreprise : l'une doit avant tout améliorer le taux de rétention de ses collaborateurs, une autre doit en premier lieu réduire la conflictualité, une troisième cherche d'abord à préserver l'emploi et donc à améliorer la valeur ajoutée produite par employé, d'autres veulent améliorer les conditions de travail ou la formation.

Le progrès du mieux-être se mesure, le plus souvent, par un « baromètre social » exploité à intervalles réguliers et avec une continuité dans le fond et la forme des questions posées. Des entreprises phares comme American Express font ainsi de l'« Employee Engagement », mesuré annuellement par une enquête, un critère essentiel d'évaluation et de promotion de leurs managers, dans le monde entier. Le mieux-être se mesure aussi par des critères indirects, comme l'évolution de l'absentéisme de courte durée – ou plutôt les progrès du « présentéisme » –, et aussi, officieusement, par l'évolution des résultats des élections des représentants du personnel, comparée à celle observée dans les autres entreprises présentant des caractéristiques similaires *.

La mesure des progrès du savoir est, en apparence,

* L'évolution des scores atteints par les organisations les plus contestataires fournit souvent un indicateur remarquablement pertinent sur la qualité de la gestion sociale d'un site ou d'une unité d'affaires !

plus ardue. Certaines entreprises ont cependant mis au point des systèmes simples et particulièrement efficaces. Ainsi, Ingenico, leader mondial des terminaux de paiement sécurisés, a-t-il établi un indicateur de progrès des compétences à partir des cinq paramètres suivants : le nombre de promotions internes comparé à l'effectif de l'entité concernée ; le nombre de mobilités internes comparé à cet effectif ; le nombre de recrutements de compétences nouvelles (par opposition aux simples recrutements de remplacement ou aux recrutements de croissance), comparé à cet effectif et enfin le nombre d'heures de formation comparé au total des heures travaillées. Des coefficients différents sont donnés à ces différents critères, puis l'addition de ces pourcentages – pondérés par les coefficients – donne un premier élément de progrès des compétences. Il faut alors en soustraire le nombre de départs de compétences – ce sont les départs constatés et non souhaités par l'entreprise – rapporté à l'ensemble de l'effectif. On obtient alors un indicateur de progrès des compétences.

Celui-ci a le réel mérite de mettre immédiatement en lumière les progrès réalisés dans chaque unité sur le plan des compétences – formation, promotions, mobilités, recrutements, fidélisation – et de comparer ces progrès par rapport à ceux réalisés par les autres unités similaires. Il incite donc chaque manager à prendre en compte la dimension compétences dans nombre de ses décisions.

Les résultats peuvent être impressionnants : ainsi, dès les six premiers mois de sa mise en place chez Ingenico, cet indicateur a progressé de 1 % à 6 % par mois, certaines unités réalisant évidemment des progrès encore supérieurs. Cette entreprise, en maintenant ce progrès mensuel à 6 %, double pratiquement son savoir en un an !

Les tableaux de bord efficaces permettent ainsi de suivre les progrès comparés aux meilleurs (en interne et sur le marché), sur les plans économique, financier et humain. Les plus avancés, comme celui mis en place par France Telecom en 2007, distinguent trois rythmes de suivi des progrès : hebdomadaire pour la croissance des produits et services nouveaux (priorité stratégique *), mensuel pour les progrès en métier, finance et humain et trimestriel pour les benchmarks extérieurs et les paramètres à évolution plus lente. Ainsi, sur le plan des indicateurs humains, le comité de direction générale fait chaque trimestre le point, par exemple, sur la représentation des différentes nationalités du groupe au sein du « top 100 » ou sur la progression des bonus variables basés sur les progrès dans la rénumération.

Au-delà des aspects économiques, financiers et humains, les entreprises sont aujourd'hui confrontées à de nouvelles exigences du public et, progressivement, des marchés : sauvegarde de l'environnement, développement durable, commerce équitable, transparence... Sur certains marchés, les organisations qui sauront, avant les autres, réaliser des progrès significatifs et mesurables dans ces domaines prendront un avantage déterminant **.

---

* Paradoxe : certaines priorités stratégiques méritent un suivi des progrès encore plus fréquent que les indicateurs opérationnels.

** Cf. par ailleurs, dans le chapitre VI, l'importance croissante des actifs immatériels, au-delà du seul capital humain, p. 160 et suiv.

Une mise en œuvre rapide et efficace

Examiner des indicateurs pertinents est une chose, obtenir concrètement et rapidement des progrès tangibles en est une autre.

Le pilotage de l'entreprise – et en particulier de ses principaux managers – par les progrès comparés déploie toute son efficacité s'il est décliné en plans de progrès opérationnels, mais également si la direction générale en fait un outil d'orientation et de promotion de ses managers, pour bâtir une organisation « auto-améliorante ».

Le lecteur a certainement en mémoire un programme d'action, annoncé en grande pompe, promettant d'immenses changements et ne débouchant finalement que sur peu de progrès concrets. De multiples études ont en effet démontré que les projets de changement qui ne génèrent pas de premiers résultats à court terme n'en produisent le plus souvent jamais[2]. En revanche, les démarches les plus souvent gagnantes sont celles qui consistent à expérimenter localement, à « prouver » par des premiers résultats incontestables avant d'élargir ensuite le déploiement.

Aussi, les entreprises les plus performantes développent de plus en plus des démarches de « plans de progrès opérationnels » qui permettent de mettre les équipes en mouvement et de focaliser les énergies sur un petit nombre de priorités.

La première étape consiste à identifier précisément les progrès recherchés. Le choix des indicateurs est déterminant car il doit permettre des comparaisons en interne et en externe et focaliser les esprits sur des objectifs concrets : accroissement de ventes, de marges, de nouveaux clients, réduction de coûts, de délais, d'incidents qualité...

Sur un plan de progrès spécifique, les indicateurs doivent être simples et peu nombreux. Ces indicateurs doivent impérativement permettre de distinguer les progrès au niveau de chaque manager et de son équipe. Lou Gerstner, qui a réalisé l'impressionnant redressement d'IBM dans les années 1990, explique que « les gens ne font pas ce que vous attendez d'eux, ils font ce sur quoi leur performance va être mesurée ». Ils doivent, enfin, pouvoir faire l'objet d'une mesure fréquente, à un coût raisonnable.

Les meilleures pratiques

Une fois les indicateurs choisis, la deuxième étape consiste à mesurer et comparer, au sein des différentes équipes et, si possible, à l'extérieur, les performances actuelles et leur évolution récente. Quel est le niveau de performance des meilleurs et surtout quel est le rythme actuel de progrès de ces performances ? Cette mesure permet de partir à la recherche des pratiques les plus efficaces : comment font exactement ceux qui progressent le plus * ?

Par exemple, une banque à réseau cherchait à améliorer la rentabilité de ses prêts immobiliers. Un premier tri

* Au-delà des seules entités réalisant les meilleurs progrès, internet permet de recueillir beaucoup plus largement dans l'entreprise des exemples de bonnes pratiques, afin de motiver le plus grand nombre de collaborateurs et d'identifier le maximum de bonnes pratiques.

dans les chiffres, parmi les 2 500 agences de la banque, permit d'identifier les cinquante agences ayant l'activité de prêts immobiliers la plus profitable. Quelle utilité ? Pratiquement aucune ! En effet, ces agences du « top 50 » disposaient pour la plupart d'un historique et d'un environnement concurrentiel favorables et les autres ne pouvaient que difficilement s'inspirer de leur exemple. Un deuxième coup d'œil aux chiffres permit rapidement d'isoler les cinquante agences qui avaient obtenu les meilleurs progrès en rentabilité sur leur activité de prêts immobiliers. Dix-huit d'entre elles faisaient partie du « top 50 » en performance. Vingt-cinq agences étaient en milieu de classement. Sept autres étaient des agences issues du bas du tableau, en pleine remontée. Ces agences avaient mis en œuvre avec succès des actions spécifiques pour améliorer la rentabilité de leurs prêts immobiliers. Huit agences avaient perfectionné leur ciblage de clientèle, six autres avaient développé un partenariat actif avec des professionnels de l'immobilier, trois autres encore avaient formé leurs équipes à un argumentaire de vente particulièrement adapté... Ayant fait leurs preuves, ces « meilleures pratiques » pouvaient être mises à la disposition des 2 500 agences, pour aider chacune d'entre elles à accélérer sa progression.

La troisième étape d'un plan de progrès opérationnel consiste à élaborer et mettre en œuvre des plans d'action locaux avec quelques équipes pilotes. Pour chacune d'elles, un diagnostic s'impose au vu des meilleures pratiques recensées auprès des équipes ayant réalisé les meilleurs progrès. Lesquelles sont déjà si parfaitement maîtrisées et intégrées par l'équipe qu'elles font partie de ses domaines d'excellence ? Lesquelles sont des points forts, car appliquées assez systématiquement et plutôt bien ? Lesquelles correspondent à des points faibles, car moyennement maîtrisées ou appliquées ? Lesquelles sont à classer dans le rayon de l'« inconnu », puisqu'on n'y a jamais pensé ou qu'on ne les a jamais vraiment mises en œuvre ? (tableau récapitulatif ci-contre).

Une fois cette segmentation établie se pose une deuxième question : quelles sont les actions susceptibles de générer les progrès mesurables les plus importants et les plus rapides ? Chaque équipe pilote peut alors décider de se focaliser sur quelques initiatives immédiates susceptibles de procurer des progrès significatifs : un « inconnu » à expérimenter immédiatement, un point faible à corriger, un point fort à renforcer encore, un domaine d'excellence à exploiter bien davantage... Une fois ces progrès obtenus par les équipes pilotes, la démarche peut être généralisée à toutes les équipes concernées par le plan de progrès.

	Inconnu	Points faibles	Points forts	Excellence	Leadership
	On n'y a jamais pensé, ou on n'a jamais vraiment essayé.	On n'applique pas assez bien ou pas assez systématiquement.	On applique plutôt bien et assez systématiquement.	On maîtrise et on exploite si bien qu'on n'y pense même plus.	On est devenu leader dans ce domaine.
Humain	• •	• • •	• •	•	
Métier	•	• •	• •	• •	•
Finance	•	• •	• •	•	•

Il faut alors faire vivre l'opération. La clé du succès consiste à comparer les progrès des différentes équipes, davantage que leurs performances en valeur absolue. Cette comparaison des progrès permet de stimuler les équipes qui sont déjà les plus performantes et qui, le plus souvent, disposent de tels points forts qu'elles peuvent progresser encore très largement. Elle mobilise également les équipes qui se trouvent habituellement « en bas du classement » à cause de leurs handicaps structurels et qui, ainsi, peuvent démontrer aux autres leur capacité à apprendre et à progresser rapidement. La mise en évidence des meilleurs progrès permet aussi d'identifier de nouvelles bonnes pratiques et d'offrir à toutes les équipes un retour d'expérience directement exploitable.

On peut alors choisir de nouveaux indicateurs afin d'élargir les progrès dans d'autres domaines cruciaux pour le développement et les performances de l'entreprise.

Ce type de démarche permet à la fois de produire des résultats rapides, de limiter les moyens à engager – puisqu'on ne déploie que ce qui a fait ses preuves en interne –, de renforcer le capital compétences – grâce au repérage des meilleures pratiques – mais aussi de motiver et stimuler toutes les équipes, grâce à la comparaison des progrès.

Les étapes d'un plan de progrès opérationnel

1 Choisir les indicateurs	2 Recenser les meilleures pratiques	3 Élaborer les plans d'action	4 Faire vivre l'opération
– Accroissement des ventes, – Amélioration qualité, – …	– En interne (chez ceux qui ont obtenu les meilleurs progrès), – Et à l'extérieur.	– Classer les meilleures pratiques en talents, points forts, points faibles et inconnu. – Identifier les actions prioritaires.	– Comparer et valoriser les meilleurs progrès. – Apprendre par le retour d'expérience. – Choisir de nouveaux indicateurs.

Bâtir une organisation auto-améliorante

Le pilotage des managers par les progrès comparés est au fond d'une grande simplicité. La comparaison des progrès – économiques, financiers et humains – avec les concurrents et/ou avec d'autres unités similaires au sein d'un même groupe permet d'identifier trois catégories de managers.

Ceux qui tirent l'organisation vers le haut en réalisant les meilleures progressions méritent d'être promus. Parmi eux, celui ou celle qui a fait progresser une unité en difficulté mérite de se voir confier une unité performante pour démontrer sa capacité à faire progresser aussi celle-ci. De même, celui ou celle qui a fait progresser une unité déjà très performante peut prendre la responsabilité d'un ensemble d'unités ou d'une fonction importante au service de toutes les unités opérationnelles.

Une deuxième catégorie est celle des managers du « milieu de tableau ». Ceux-ci doivent être encouragés et aidés à égaler les meilleurs. Les trois meilleures sources de progrès sont pour eux l'observation des pratiques des meilleurs – en interne et auprès d'autres organisations –, le coaching rapproché par un patron exigeant et bienveillant, ainsi que le choix de coéquipiers complémentaires : par exemple, un manager au tempérament conquérant – un « cavalier » – progressera rapidement avec l'aide d'un bras droit plutôt gestionnaire – un « bénédictin » –, et vice versa. Une bonne « hygiène » de management consiste d'ailleurs à intervertir, aux différents postes clés, un « cavalier » et un « bénédictin » tous les trois ou quatre ans. Additionner des cavaliers et des bénédictins donne des équipes extraordinaires de « bénédictins à cheval » * !

La troisième catégorie est celle qui impose des décisions difficiles. Les managers qui laissent leur unité régresser sur le plan économique, financier ou humain doivent-ils rester en poste ? Est-ce l'intérêt de l'entreprise, celui des collaborateurs, celui des clients ? Certes, dans des cas exceptionnels, des facteurs identifiés peuvent expliquer le non-progrès, à un moment précis. Il faut alors laisser quelques mois au manager concerné pour démontrer sa capacité à inverser vigoureusement la tendance. Certes aussi, certains managers sont des marathoniens qui réaliseront de bonnes performances après un démarrage un peu lent. Si des premiers signes encourageants sont perceptibles dans un domaine ou un autre

---

* C'est une illustration du concept du « choix cumulatif » présenté dans le chapitre III.

(progrès économiques, financiers ou humains), ces managers peuvent être laissés à leur poste pendant une période d'observation à déterminer. Dans tous les autres cas, laisser le responsable en place revient à faire payer à l'entreprise, aux clients ou aux collaborateurs – et le plus souvent aux trois à la fois – le manque de courage managérial de la direction générale. C'est aussi, probablement, pénaliser une autre personne de l'organisation qui mériterait une promotion. Ceci ne signifie pas que ce manager doive nécessairement quitter l'entreprise : beaucoup sont en effet capables de saisir une deuxième chance, à un poste différent. On a souvent vu des managers ayant connu de sérieuses difficultés trouver un nouveau souffle dans un travail différent, retrouver confiance en eux, regagner celle des équipes et relancer leur carrière *.

Dans tous les cas, adopter pour principe général que les meilleurs managers, sur des critères simples de progrès – sans oublier les progrès humains –, seront promus et que les responsables défaillants pourront, après examen, être remplacés par les meilleurs managers de niveau n-1, c'est bâtir une organisation « auto-améliorante ». C'est ce qu'on observe aujourd'hui dans les équipes sportives de haut niveau, dans lesquelles aucune position n'est plus acquise et où l'entraîneur place en permanence aux postes clés les joueurs les plus performants. Bâtir une organisation « auto-améliorante », c'est adapter son équipe de direction régulièrement en fonction des pro-

* Évidemment, si un manager ne dispose d'aucun des talents nécessaires pour réussir dans le métier, l'inviter à rejoindre la concurrence permet à l'entreprise de faire coup double.

grès constatés et démarrer ainsi la période suivante avec une équipe encore meilleure que précédemment.

On pourra objecter que ce type de système peut générer chez les managers un niveau élevé de stress. Il n'est pourtant pas certain que ce stress soit supérieur à celui qu'engendrent les organisations très « politiques », dans lesquelles les évolutions professionnelles se jouent en fonction de critères opaques. Les règles simples, bien comprises et acceptées, appliquées avec transparence, bon sens et humanité, doivent au contraire créer les conditions de la performance individuelle et collective et éviter l'excès d'anxiété.

En définitive, les tableaux de bord de progrès comparés économiques, financiers et humains constituent une innovation majeure. Déclinés en cascade à tous les niveaux de l'organisation et cohérents avec les visions économique et humaine, ils remplissent trois fonctions essentielles. Ils mettent très vite en mouvement l'ensemble de l'entreprise. Ils focalisent les énergies sur les priorités et permettent d'obtenir ainsi des résultats rapides et substantiels. Enfin, ils favorisent la mise en œuvre d'une large décentralisation en accordant aux équipes une réelle autonomie dans le choix des moyens d'action.

VI

Le pilotage de la valeur

L'impératif de la croissance

« Ne juge pas chaque jour seulement à la récolte que tu fais, mais aussi aux graines que tu sèmes. »

... d'après Robert Louis Stevenson.

La valeur financière de chaque action – cotée et même non cotée – est aujourd'hui un indicateur d'une importance écrasante. Personne ne peut l'ignorer. Pour soutenir et développer cette valeur, les équipes dirigeantes doivent bien sûr augmenter en permanence les profits. Accroître les résultats et faire croître l'actif net sont des priorités incontestables, et la recherche constante des progrès financiers participe généralement à une gestion saine. Faut-il pour autant céder à l'obsession du court terme et de la réduction des coûts ? Doit-on y sacrifier les investissements, les compétences et les hommes ?

Ce n'est pas le seul choix possible. D'une part, tous les exemples montrent que la croissance – et notamment la croissance organique, portée par l'innovation, l'excellence opérationnelle, l'obsession de la satisfaction de chaque client et le dynamisme des équipes – est plus porteuse de valeur, dans la durée, que la seule réduction des coûts. D'autre part et surtout, il existe dans chaque entreprise un fabuleux gisement de valeur pratiquement ignoré ; en effet, autant les actifs matériels font l'objet de mesures et d'une gestion attentives, autant les actifs immatériels recèlent un potentiel de création de valeur largement sous-exploité.

Les bilans reflètent de moins en moins la valeur des entreprises

Depuis une trentaine d'années, la valeur boursière des entreprises est largement « déconnectée » de la valeur de ses seuls actifs comptables.

Il existe un indicateur clé dans l'analyse de la valeur d'une entreprise : son « Price to Book Value Ratio ». Le « Price to Book Value Ratio » (PBR) mesure le rapport entre sa capitalisation boursière – ou son évaluation financière, dans le cas des sociétés non cotées – et son actif net comptable.

Curieusement, cet indicateur échappe à la plupart des observateurs et des dirigeants. Combien de rapports annuels en font-ils simplement mention ? Pratiquement aucun. Est-ce parce que ce ratio serait généralement faible et en diminution ? Certainement pas !

Aux États-Unis, par exemple, ce ratio a triplé depuis vingt-cinq ans. Il diffère assez largement selon les places financières : en 2005, il se situait en moyenne à 2 sur le CAC 40 ou le FTSE * 100, à 2,80 sur le Standard & Poors 500 et même à 4 sur le Nasdaq.

Dans tous les cas, cela signifie que souvent plus de la moitié de la valeur d'une entreprise, aux yeux du marché, est portée par des actifs non inscrits au bilan.

Certaines compagnies ont d'ailleurs un PBR encore

* Financial Times Stock Exchange.

beaucoup plus élevé. Ainsi, on peut constater les chiffres suivants : Coca-Cola : 6,5 ; Oracle : 6,7 ; SAP : 8,8 ; GE et Glaxo SmithKline : 13 ; Dell : 15 ! En France, le PBR de L'Oréal est seulement de 6, celui de Total de 2,9, celui de Sanofi Aventis de 2,6 et celui d'Axa de 1,5 [1].

Les normes IFRS [2] apportent certes une amélioration à la sincérité des bilans, dans la mesure où elles introduisent l'évaluation des actifs et passifs à leur juste valeur au détriment du coût historique employé jusqu'alors.

À l'occasion d'une acquisition de société, la survaleur (écart entre le prix d'achat et la valeur comptable de la société acquise) doit être répartie entre les divers actifs incorporels identifiables acquis. Le montant de l'écart d'acquisition non affecté doit être réduit [3].

De plus, la valeur des actifs acquis est testée chaque année : c'est l'« impairment test » [4].

Cependant, ces normes établissent une distinction fondamentale entre les ressources acquises par croissance externe, qui sont activables dans le bilan, et les ressources créées par l'entreprise (portefeuille de clients, image de la marque, etc.) qui restent encore à ce jour non activables.

Ainsi, les entreprises dont l'essentiel de la croissance est organique continuent de souffrir, plus que les autres, d'un actif net comptable sous-évalué.

L'essentiel de la valeur est aujourd'hui non piloté

Il existe aujourd'hui encore peu de méthodes de valorisation financière des actifs immatériels. On peut citer quelques méthodes pour l'évaluation des marques *, des brevets ** et des clientèles, notamment les approches empiriques utilisées par les professionnels des fusions et acquisitions. Il y a eu quelques tentatives de modélisation qualitative et quantitative des actifs immatériels ***. On peut citer aussi un modèle de rating des actifs immatériels construit par Goodwill-Management ****. Enfin, de nombreuses entreprises emploient des indicateurs empiriques.

L'actif immatériel le plus étudié et évalué est assurément la marque. Mais il est loin d'expliquer toute la survaleur ! Si la marque représente 80 % de la survaleur de Coca-Cola, elle n'explique que 44 % de celle d'IBM, 26 % de celle de Microsoft et 15 % de celle de GE[5] !

Une part considérable de la valeur des entreprises est donc liée à des éléments sur lesquels les entreprises ne développent ni véritable pilotage, ni mesure des progrès, ni communication précise.

Le trésor inexploité du capital immatériel : le capital humain, nouvel enjeu

Les actifs immatériels de l'entreprise sont les composants de la valeur les moins représentés dans son bilan. Laisser le capital immatériel sous-évalué, c'est priver les actionnaires d'une partie importante de la valeur de leur

---

* Par exemple Interbrand.

** Par exemple Breese et Majerowicz.

*** Par exemple Edvinsson (Skandia), Sveiby (Nokia), Daum (SAP).

**** Appliqué notamment à Groupama, Meeschaert, Gaz de France.

investissement. C'est aussi priver les salariés de la reconnaissance de leur travail, puisque la valeur s'explique tant par les ressources créées que par les ressources acquises.

Il faut donc mesurer puis gérer les différentes composantes du capital immatériel et en suivre les progrès comparés à ceux des concurrents. Il s'agit d'une autre application du concept du « progrès comparé » développé dans le chapitre v.

La première étape consiste à mesurer le capital immatériel. Il suffit de soustraire la valeur de l'actif net comptable de la capitalisation boursière – ou de l'évaluation financière pour les sociétés non cotées – pour obtenir une valeur absolue : le capital immatériel, et de diviser la capitalisation par l'actif net comptable pour obtenir une valeur relative : le Price to Book Value Ratio.

Ces chiffres n'ont de véritable intérêt que comparés aux autres acteurs du même métier, non seulement sur la même place financière mais aussi – mondialisation oblige – sur les autres périmètres géographiques. Ainsi, le PBR de la BSCH peut-il être deux fois supérieur à celui des meilleures banques françaises[6].

Il est alors possible d'établir une notation, par exemple en donnant l'évaluation A à l'entreprise dotée du meilleur PBR du secteur, E à celle possédant le PBR le plus faible, C pour un PBR égal à la médiane de la profession.

Les huit principaux actifs immatériels sont liés aux marques, aux savoirs, aux clients, aux actionnaires, aux systèmes d'information, à l'organisation, aux partenaires et aux collaborateurs.

Il faut donc affecter la valeur du capital immatériel à ces huit postes, même de façon approximative, pour pouvoir en suivre et en accélérer la progression.

La marque est habituellement considérée comme le principal actif immatériel. Les fondateurs peuvent mourir, les usines peuvent brûler, les équipements peuvent s'user, la technologie peut devenir obsolète... La loyauté aux marques serait la seule fondation solide sur laquelle il soit possible de construire une croissance pérenne et profitable.

Cependant, une récente étude du NPD Group[7] a démontré que près de la moitié des personnes interrogées se disant loyales à une marque ne l'était plus un an plus tard.

L'avantage lié à la marque tend à s'éroder. Certes, les consommateurs restent prêts à payer plus cher pour bénéficier d'une marque. Mais ce qui diminue, c'est l'écart jugé acceptable entre les prix des grandes marques et ceux des marques de distributeurs ou des marques premier prix : ce n'est plus aux marques discount de justifier que leur qualité n'est pas inférieure, c'est aux grandes marques de justifier leur surcoût.

Aussi, les entreprises qui parviennent à capitaliser plus que jamais sur leurs marques s'appuient principalement sur la qualité de l'expérience client, bien plus que sur les efforts publicitaires.

Jeff Bezos, chief executive officer d'Amazon, a ainsi remarqué que l'impact d'un dollar dépensé était bien plus élevé s'il venait en diminution du prix et en amélioration du service, plutôt qu'en augmentation de la notoriété. Aussi, il a décidé d'arrêter de faire de la publicité télévisée et de profiter des économies réalisées pour rendre l'expédition des commandes gratuites. Pari gagné. L'époque où les « dot-coms » dépensaient quatre fois leur chiffre d'affaires annuel pour acheter à prix d'or quelques spots de trente secondes disponibles pendant le Superbowl semble bien révolue.

Aujourd'hui, une entreprise a une bonne image surtout parce qu'elle a des clients satisfaits qui parlent d'elle, et moins parce qu'elle achète des espaces pour parler d'elle. Ceux pour qui leur marque est un gage de qualité, et qui ont obstinément refusé de la diluer en l'utilisant pour vendre des produits de catégorie inférieure, sont en position de force aujourd'hui. Les gagnants sont ceux pour lesquels la marque représente une éthique, des relations privilégiées avec les clients, des valeurs et des attitudes partagées par tous les collaborateurs. C'est donc de plus en plus vers les clients, les collaborateurs et les actionnaires qu'il faut chercher la principale valeur des actifs immatériels.

Théoriquement, les choses sont simples : la valeur du capital clients dépend de la qualité des clients sur quatre critères : la fidélité démontrée, le taux de croissance (les « gagnants de demain »), le niveau d'exigence et enfin l'appartenance à quelques segments de marché prioritaires choisis par l'entreprise.

Dans une entreprise composée de plusieurs « business units », le développement de clients communs à plusieurs métiers est un élément de valeur supplémentaire.

Les critères de progrès peuvent être la croissance du taux de fidélisation, la part du chiffre d'affaires représentée par les clients « gagnants de demain », la part du chiffre d'affaires représentée par les clients les plus exigeants, ceux qui poussent l'entreprise à progresser, la part de marché dans les segments choisis ou encore la part du chiffre d'affaires des différents métiers représentée par les clients communs à plusieurs « business units ».

En pratique, l'évaluation du capital clients est un casse-tête. Compte tenu de la volatilité des marchés de produits et de services, quelle prédiction peut-on faire aujourd'hui sur la fidélité des clients ou sur la continuation des succès des meilleurs d'entre eux ? Néanmoins, un tableau de bord des progrès du capital clients permet d'accroître la valeur de celui-ci de façon significative.

Intéressons-nous maintenant à la question cruciale du capital actionnaires. Contre toute morale, la façon la plus efficace d'accroître la valeur à court terme d'une entreprise dont l'actionnariat est fragile est de faire croire à une OPA : c'est ce que font certains hedge funds *. Le pur spéculateur choisit donc une entreprise au capital ouvert et dispersé, sur un marché dont les leaders possèdent une taille et une situation financière propices aux acquisitions.

L'investisseur responsable, au contraire, privilégie la stabilité de l'entreprise dans son développement et cherche à doter l'entreprise d'un actionnariat stable : famille(s) fondatrice(s), collaborateurs, partenaires industriels, investisseurs à long terme, voire clients et fournisseurs clés, sont les meilleurs atouts de la croissance durable de la valeur actionnariale.

La qualité des actionnaires est aujourd'hui un critère essentiel de pérennité de l'entreprise et donc de valeur dans le long terme. Les critères de progrès les plus significatifs peuvent être la part représentée par des actionnaires engagés dans le développement à long terme de l'entreprise :

* Fonds de gestion alternative.

famille(s) fondatrice(s), collaborateurs, institutionnels animés par une stratégie à moyen et long termes. Les petits actionnaires individuels sont également un facteur de stabilité dans la plupart des entreprises *.

Le nouvel enjeu réside dans le capital humain. Les équations permettant d'évaluer la part du capital humain dans les actifs immatériels sont encore largement à inventer. Il s'agit de traduire en termes financiers les indicateurs de performance des progrès humains tels que la qualité et le volume du recrutement de compétences nouvelles, l'adaptation et le développement des compétences par la formation et les mobilités, le taux de promotion interne, l'évolution du turn-over sur les populations clés, la qualité du climat social. Ces éléments sont de toute évidence des composants déterminants de la valeur.

Aussi, pour construire la croissance du capital immatériel, une des méthodes possibles ** consiste, dans un premier temps, à faire une estimation approximative et de plus en plus précise de la répartition de la valeur du capital immatériel entre les huit principales familles d'actifs

* Contrairement aux phénomènes observés lors des privatisations, où les petits actionnaires se retirent généralement rapidement après l'introduction en Bourse.

** Cette méthode a été imaginée par un groupe de directeurs financiers et d'auditeurs dans le cadre du Cercle Finance 100 et développée ensuite par l'Observatoire de l'immatériel, présidé par Jean-Marie Descarpentries et ayant pour principaux partenaires Ernst & Young, SAS France, Mar-Tech & Finance, l'Institut national de la propriété industrielle (INPI), Alain Fustec et Christophe Rouvière.

concernés, à procéder ensuite à une notation, dans chaque famille, par rapport aux acteurs du secteur, puis à déterminer le niveau de valeur accessible sur une période déterminée, et enfin à en déduire le potentiel de progrès à exploiter (cf. annexe 6, p. 231).

La deuxième étape consiste alors à considérer le potentiel de progrès spécifique dans chaque famille d'actifs, à évaluer les coûts actuellement engagés, annuellement, au service de ces actifs, à estimer ensuite les investissements nécessaires pour exploiter le potentiel de progrès, enfin à prendre en compte la rapidité d'obtention probable de ces progrès.

Il devient alors possible de choisir des priorités d'action et de définir des critères de mesure des progrès dont l'évolution sera communiquée au marché (cf. annexe 7, p. 232).

La pédagogie de l'intangible

Contrairement aux actifs matériels dont la présence est tracée dans les documents comptables, les actifs intangibles n'existent pour le marché que par la communication qui en est faite. Pourquoi certaines entreprises réussissent-elles à donner vie à ces actifs dans l'esprit des investisseurs et des analystes financiers, tandis que d'autres peinent à en faire reconnaître l'existence ?

La communication sur la valeur des actifs immatériels – y compris dans les rapports annuels – doit s'appuyer sur trois principes simples : donner « des éléments tangibles pour mesurer l'intangible » – des chiffres, des faits, des dates –, comparer systématiquement ces chiffres avec ceux fournis par des entreprises de référence et surtout oser présenter les évolutions comparées, seules susceptibles de développer rapidement la valeur perçue par le marché.

Le tableau de bord pionnier de France Telecom * est bâti dans cette logique, puisqu'il permet de suivre chaque trimestre les progrès qualitatifs mais surtout quantitatifs enregistrés sur les postes d'actifs immatériels jugés prioritaires.

La nouvelle hygiène de la croissance

La recherche des progrès en rentabilité est saine, mais la course à la rentabilité maximale mène à une impasse si elle ne débouche pas sur des investissements de croissance. En effet, même si une réduction supplémentaire des coûts est toujours possible, sur un périmètre donné, elle n'apporte pas à elle seule des perspectives de valorisation continue pour l'actionnaire. Même si une croissance molle peut, à court terme, s'accompagner d'une amélioration de la rentabilité – grâce, par exemple, à une réduction des investissements de recherche, de publicité, de formation, etc. – elle est généralement lourdement pénalisante à moyen terme pour l'entreprise : les meilleurs concurrents prennent des parts de marché et renforcent encore leur capacité à financer leur croissance, la pyramide des âges et des salaires de l'entreprise tend à s'alourdir, les opportunités de promotions se raréfient et les meilleurs éléments sont attirés par l'extérieur.

* Certains autres aspects de ce tableau de bord sont présentés dans le chapitre II, p. 64 et suiv.

La croissance – rentable, financée, maîtrisée – dans les métiers choisis est la première condition de la rentabilité à venir. Elle doit être la première obsession du dirigeant.

Cette croissance ne doit pas néanmoins se faire à n'importe quel prix.

Comme Nike l'a constaté avec l'émotion suscitée par la question du travail des enfants, l'entreprise est aujourd'hui évaluée sur de nouveaux critères, par de nouveaux observateurs qui possèdent dans certains cas un pouvoir d'influence considérable sur les consommateurs et sur certains investisseurs.

Le respect de l'environnement, le commerce équitable, les questions de parité et de diversité, les conditions de travail dans les pays en développement, le mode de gestion des crises et, d'une façon plus générale, les aspects éthiques et sociétaux deviennent essentiels : pour le développement durable de nos économies, mais aussi pour celui de chaque entreprise.

Aussi, les programmes de responsabilité sociale d'entreprise sont-ils assurément appelés à jouer un rôle croissant dans le pilotage du développement des entreprises les plus avancées.

Choisir le bon indicateur

Qu'elle soit organique ou externe, la croissance a un coût : la question du financement de la croissance – notamment externe – est donc centrale. Jusqu'où peut-on investir et s'endetter pour croître ?

L'indicateur le plus classique en la matière est le « gearing », qui compare l'endettement financier net (réduit des avoirs, comme la trésorerie et les titres de placement) aux fonds propres de l'entreprise.

le « gearing » :

$$\frac{\text{endettement financier net}}{\text{ressources propres}}$$

Il est recommandé que ce ratio soit inférieur à 1, et plus il tend vers zéro, plus la situation de l'entreprise est considérée comme saine selon les canons de l'orthodoxie financière.

Toutefois, cette méthode classique n'est pas exempte d'inconvénients. D'une part, elle repose sur des indicateurs peu significatifs : l'actif net de l'entreprise est loin d'en représenter toute la valeur marchande, du fait notamment de l'importance des actifs immatériels. D'autre part et surtout, elle a un caractère malthusien dans la mesure où elle limite le potentiel de croissance de l'entreprise : celle-ci ne peut s'endetter et investir dans la croissance que modérément et progressivement, quelles que soient ses performances économiques et financières. En effet, les fonds propres ne s'accroissent qu'à la hauteur du bénéfice non distribué en dividendes, et la pression exercée pour limiter l'endettement est un frein à la croissance.

Par opposition, la logique dynamique de l'« interest cover » consiste à déterminer le niveau d'endettement acceptable en comparant le coût de cet endettement à la rentabilité d'exploitation de l'entreprise : en effet, plus la rentabilité dégagée est forte, plus l'entreprise peut supporter une charge d'intérêts élevée.

l'« interest cover » :

$$\frac{\text{résultat d'exploitation}}{\text{frais financiers}}$$

En fonction de son secteur d'activité – plus ou moins soumis à de fortes variations d'activité et de rentabilité –, l'entreprise définit un niveau dit de sécurité d'« interest cover », par exemple 3,5. Tant que, dans un premier temps, le résultat d'exploitation ne couvre pas trois fois et demie les frais financiers nets, les progrès économiques doivent être orientés en priorité vers l'amélioration de ce ratio, notamment par la croissance organique du chiffre d'affaires, la maîtrise des coûts d'exploitation, la réduction du besoin de fonds de roulement * et, si possible, la diminution du taux d'intérêt moyen de l'endettement.

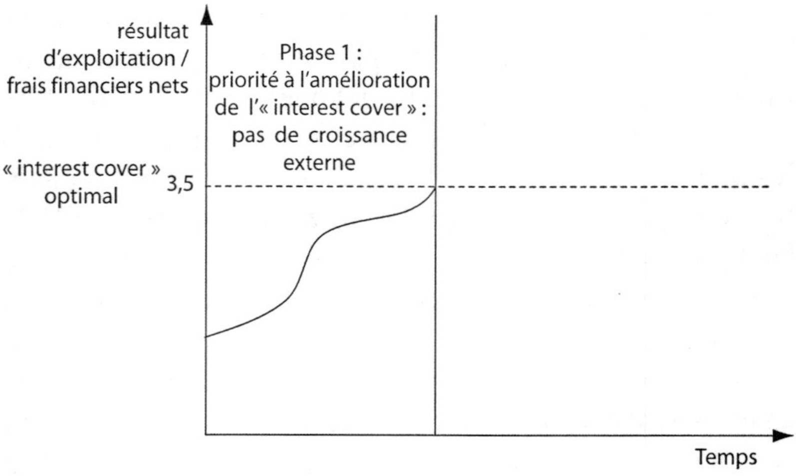

* Le besoin de fonds de roulement (couramment appelé BFR) est le besoin de financement résultant du cycle d'exploitation. Il peut être réduit, de façon à alléger l'endettement financier, grâce à

Une fois le niveau de sécurité d'« interest cover » atteint, l'entreprise peut s'engager dans une démarche de croissance externe vigoureuse, dès lors qu'elle parvient à faire progresser son résultat d'exploitation au moins au même rythme que ses frais financiers.

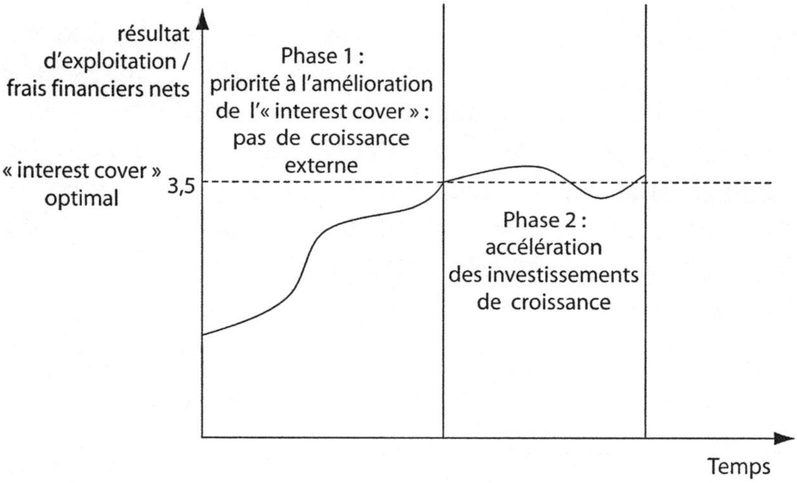

Enfin, l'entreprise dispose avec ce ratio d'« interest cover » d'un outil déterminant pour valider des décisions relatives à des opérations de croissance externe d'exceptionnelle ampleur par rapport aux fonds propres de l'acquéreur, comme pour Carnaud face à MetalBox en 1988 ou Interbrew face à Labatt en 1995. En effet, une grande opération de ce type, nécessitant un endettement financier important, conduit inévitablement le ratio d'« interest cover » à plonger sous le seuil dit de sécurité.

L'entreprise doit d'abord s'assurer que, dans tous les

la diminution des stocks, à l'accélération des paiements des clients et au recours accru au crédit fournisseurs.

cas, le ratio reste supérieur à 1 : le résultat d'exploitation permet de couvrir les charges financières alourdies par l'opération de croissance externe, et le résultat courant reste à tout moment positif. Mais surtout, elle doit mettre au point un plan d'action lui permettant d'assurer un retour au niveau de sécurité d'« interest cover » dans un délai rapide (idéalement douze mois). Au-delà des économies résultant de synergies attendues entre les entreprises rapprochées, il est prudent que ce plan d'action intègre les produits de possibles cessions d'actifs non stratégiques, de façon à jouer sur les deux termes du ratio de l'« interest cover ». Revenu au seuil de sécurité, il est alors possible d'envisager une nouvelle opération de croissance externe ambitieuse.

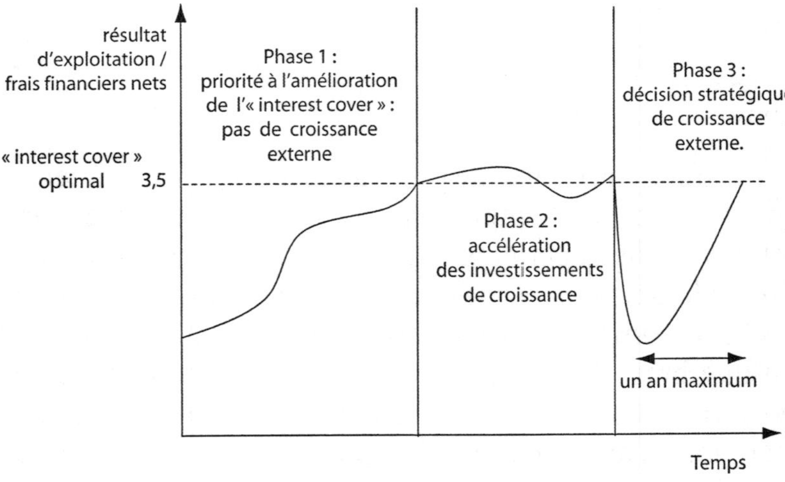

Ce qui compte ici c'est « l'hygiène de la croissance » : d'abord la croissance interne, la rentabilité d'exploitation et si nécessaire le désendettement ; ensuite, début d'un ensemble d'opérations de croissance externe maîtrisées, avec maintien au-dessus du niveau de sécurité d'« interest cover » grâce à des progrès économiques soutenus ; enfin, une ou plusieurs opérations de croissance externe de grande envergure, avec, à chaque fois, un retour très rapide à l'« interest cover » attendu grâce aux mesures d'amélioration de la rentabilité et de la structure financière.

Plus l'entreprise est vertueuse dans ses progrès économiques et financiers, plus elle peut investir dans sa croissance sans mettre en péril son bilan. La méthode de l'« interest cover » récompense les entreprises aux progrès rapides en permettant à celles-ci de croître plus vite que leurs concurrents !

En conclusion, la recherche méthodique de la croissance des actifs immatériels et le choix du « gearing » ouvrent la voie à de la création de valeur actionnariale par le développement des richesses de l'entreprise, par contraste avec les programmes axés principalement sur les réductions de coûts, notamment salariaux.

VII

L'animation des hommes

Devenir leader de leaders

« Traitez les gens comme s'ils étaient ce qu'ils doivent être et vous les aiderez à devenir ce qu'ils sont capables d'être. »

Goethe

On a souvent pensé que le leadership était l'art de « faire les bons choix », comparé au management qui consisterait à « faire les choses bien » [1].

En réalité, il y a peu de stratégies fondamentalement mauvaises quand l'exécution en est vigoureuse et efficace *. En d'autres termes, quand il y a des leaders capables d'entraîner leurs équipes à exceller dans l'action. Or, le monde du travail d'aujourd'hui se caractérise par trois phénomènes majeurs.

La complexification : les individus et les organisations travaillent en réseaux, l'environnement et les projets évoluent très vite. Aucune liste d'objectifs ne peut définir valablement à l'avance la contribution potentielle d'un individu.

L'autonomisation des individus : le collaborateur dispose de marges de manœuvre inconcevables il y a seulement dix ans. Personne ne peut contrôler dans le détail son travail : sa compétence et son degré d'engagement sont les principales clés de son efficacité **.

---

* « Execution is strategy », McKinsey, 1960.

** « $E = MC^2$ ou Efficacité = Motivation × Compétence × Culture commune », Carnaud, 1986.

L'exigence vitale d'excellence, due à la compétition forcenée encore accrue par la mondialisation : accepter d'avoir des collaborateurs moyens et de délivrer des produits et des services médiocres, c'est accepter de disparaître.

Face à ces trois phénomènes, le leadership consiste aujourd'hui à développer à tous les niveaux de l'organisation trois atouts majeurs de l'entreprise gagnante : le talent, l'initiative et l'optimisme. Plutôt que d'essayer de changer les collaborateurs et de les conformer selon un même modèle, les nouveaux leaders doivent en effet miser sur les points forts de chacun et libérer les talents. Ils doivent stimuler l'initiative, qui vaut mieux que l'obéissance. Ils doivent enfin enseigner et diffuser l'optimisme actif, autre clé essentielle de progrès.

À ces trois conditions, ils peuvent faire partager la passion des métiers et des projets, accroître ainsi l'engagement et faire émerger et rayonner des leaders à tous les niveaux de l'organisation.

Le leadership, c'est donc l'énergie primaire de l'entreprise, qui permet de délivrer à la fois l'énergie intellectuelle de l'entreprise en libérant les talents, l'énergie physique en encourageant l'initiative et l'action, enfin l'énergie mentale en enseignant l'optimisme actif.

Tout ceci, ajouté à la formulation d'une vision économique et humaine motivante et au pilotage opérationnel par les tableaux de bord de progrès comparés, contribue fortement à l'engagement individuel et collectif des collaborateurs.

Libérer les talents individuels

La gestion des compétences occupe, dans la plupart des grandes organisations, un nombre élevé de personnes intelligentes et qualifiées. Celles-ci s'activent à élaborer des référentiels de compétences toujours plus sophistiqués et complexes, ainsi qu'à organiser des plans de formation qui absorbent l'équivalent de 3 à 8 % de la masse salariale.

Pourtant, ces mêmes organisations éprouvent toutes les difficultés à disposer à temps des compétences adaptées aux exigences de leur environnement. Pour une simple raison : la plupart de ces personnes et de ces dispositifs travaillent sur la base de postulats erronés.

En effet, pour permettre à l'individu d'exprimer toutes ses capacités dans une organisation, il faut d'abord s'affranchir de certaines idées reçues sur la gestion des compétences et admettre que l'individu progresse surtout sur ses points forts. On peut alors assigner de nouveaux rôles à la formation et préciser la valeur ajoutée attendue du manager de proximité.

La façon dont l'évolution des compétences est habituellement pilotée dans les entreprises repose sur des postulats erronés. Chaque personne est supposée maîtriser un certain nombre de compétences, du fait de sa formation initiale, de son expérience et des programmes de formation complémentaires dont elle a pu bénéficier. Face aux individus, il y a des postes, dont chacun requiert la maîtrise d'un certain nombre de compétences. Il apparaît alors logique d'identifier, chez chaque individu, les compétences qui lui font défaut pour occuper un poste donné, et de combler les lacunes grâce aux formations appropriées. Or, l'expérience démontre largement que ce n'est pas ainsi que les choses fonctionnent réellement !

Concrètement, chacun a déjà pu constater que les meilleurs éléments, dans un métier donné, sont généralement loin de maîtriser toutes les compétences mentionnées dans le référentiel correspondant. Par exemple, combien d'excellents managers sont-ils à la fois à l'écoute de leur marché, dotés de fortes capacités d'analyse, rigoureux, créatifs, stratèges, ouverts au dialogue et à la critique, capables d'humilité et de remise en cause, pragmatiques, déterminés dans l'action et charismatiques ? Probablement aucun. En revanche, chacun des meilleurs – même et surtout les plus exceptionnels –, dans un métier donné, compense largement ses déficits de compétences par quelques points forts remarquables.

Chacun a pu également observer que la plupart des formations ont peu d'impact sur les individus. Les participants, d'une manière générale, conservent désespérément leurs points faibles, qu'ils étaient pourtant censés corriger grâce aux conseils du formateur et aux apports techniques ou méthodologiques dont ils ont bénéficié. Ces constats appellent trois commentaires.

D'abord, ce qui détermine la performance d'un individu dans un métier et une organisation donnés, ce sont ses points forts bien davantage que ses points faibles. On a pourtant tendance à se focaliser sur ces derniers : on ne voit que les points faibles de la plupart des collaborateurs qui nous entourent ! C'est la raison pour laquelle il est si difficile de privilégier la promotion interne et si tentant de faire appel à des recrutements externes, auprès de candidats qui ne nous ont encore dévoilé aucun de leurs points faibles ! Libérer les talents, c'est d'abord admettre que l'on peut réussir, à peu près dans tous les métiers, avec des points faibles. C'est rechercher chez l'individu les qualités, plus que l'absence de défauts.

Ensuite, les talents d'un individu sont remarquablement stables dans le temps : ils se caractérisent par des orientations de la personnalité, or celle-ci évolue très peu à l'issue de l'adolescence et pratiquement plus après quelques années d'expérience professionnelle[2]. Une personne sera profondément rigoureuse et appréciera l'ordre, une autre sera un peu brouillonne mais vive et créative, une troisième possédera le sens du contact et de l'empathie, et chacune d'elles conservera pour l'essentiel ces caractéristiques toute sa vie. Cela signifie que certaines personnes pourront exceller dans un métier donné tandis que d'autres ne le pourront peut-être jamais... et que toutes pourront réussir, mais dans des rôles différents. Il est donc primordial d'aider chaque personne à bien s'orienter puis à progresser dans des métiers qui lui permettent d'exploiter pleinement ses talents, sans être trop pénalisée par d'autres caractéristiques de sa personnalité.

Si l'on veut que chacun exploite ses talents, il faut aussi faire en sorte que la reconnaissance – y compris financière – soit apportée à tous ceux qui excellent dans leur métier – et non à ceux qui exercent des fonctions supposées plus nobles que d'autres, comme le management[3]. Pourquoi un collaborateur exceptionnel devrait-il gagner moins, par exemple, qu'un chef de service seulement moyen ?

Enfin et surtout, l'individu dispose de ses plus fortes marges de progression sur ses points forts. Curieusement, cette évidence n'est quasiment jamais acceptée dans l'entreprise, quand dans la vie familiale chacun en est conscient : un enfant extrêmement doué pour le football et incapable de dessiner correctement profitera beaucoup mieux d'un stage intensif de foot que d'une série de cours particuliers de dessin ! Un des rôles clés d'un leader est donc d'aider ses collaborateurs à exploiter et développer leurs talents. Et il est urgent d'assigner de nouveaux rôles à la formation, dont le défaut habituel est de se focaliser sur les points faibles.

Une révolution de la formation

Si l'on admet que le rôle de la formation est d'aider chaque individu à progresser dans ses compétences professionnelles, on comprend l'utilité de distinguer les différents types de progrès possibles. Une distinction courante – mais de peu d'utilité pratique – consiste à isoler le savoir (les connaissances), le savoir-faire (les méthodes de travail) et le savoir-être (les comportements). Il est plus utile d'adapter à l'individu le « tableau magique * » illustrant la dynamique des progrès dans une organisation.

Tout individu est caractérisé par des talents (caractéristiques stables et positives de sa personnalité) et présente sur le plan des compétences professionnelles des points forts et des points faibles.

Exemple : Paul est doté de grandes capacités d'analyse (talent). Sur le plan de ses compétences professionnelles, il a acquis la maîtrise des nouveaux outils de simulation ainsi qu'une très bonne connaissance de son marché

* Cf. chapitre II, p. 64 et suiv.

(colonne des points forts), mais manque d'aisance dans la conduite des réunions. Par ailleurs, dans le cadre de ses nouvelles responsabilités, il est pénalisé par un manque total d'expérience en management de projet (colonne des points faibles) (cf. annexe 8A, p. 234).

Si certains de ses points forts sont travaillés en profondeur, ils peuvent devenir de véritables domaines d'excellence, c'est-à-dire des atouts rares et déterminants. Paul peut ainsi, par un effort supplémentaire de formation, devenir un des meilleurs spécialistes de son marché et apporter à son entreprise un véritable avantage concurrentiel. Le moment venu, on ajoutera donc alors à son tableau une colonne « Domaines d'excellence » en y mentionnant sa connaissance du marché (cf. annexe 8B, p. 234).

Si l'on analyse les points faibles, on distingue trois catégories : ceux qui sont inhérents à la personnalité de Paul et qu'on ne pourra probablement pas totalement éliminer ; il faut alors simplement s'assurer que ces points faibles puissent être ramenés « à un niveau supportable pour l'organisation[4] », par l'exploitation systématique d'un minimum de méthode apprise. Ceux qui peuvent être corrigés, voire être transformés en points forts, car ils sont l'expression d'un relatif manque d'expérience ou de formation. Enfin, ceux qui relèvent en réalité de l'inconnu. On ajoutera donc une colonne « inconnu », et dans le cas de Paul, on y transférera la mention de son inexpérience en management de projet jusque-là répertoriée en point faible (cf. annexe 8C, p. 235).

On comprend alors les quatre voies de progrès de chaque collaborateur : exploiter à fond ses domaines d'excellence ; perfectionner encore chacun de ses points forts, pour en faire des domaines d'excellence supplémentaires ; transformer en points forts quelques points faibles, atténuer les points faibles susceptibles de l'être, connaître ses autres points faibles pour les maîtriser ; enfin, découvrir et expérimenter l'inconnu, oser pour en faire de nouveaux points faibles dont certains pourront être ensuite transformés en points forts.

Pour réaliser tout cela, le collaborateur doit s'appuyer au maximum sur ses talents : dans le cas de Paul, sa capacité d'analyse l'aidera à accroître encore et exploiter sa connaissance des marchés, mais aussi à bâtir sa compétence en management de projet et même à progresser dans la conduite des réunions, là où d'autres miseront sur leurs qualités relationnelles ou leur sens de l'action.

Les actions de formation doivent aujourd'hui adopter des approches nouvelles en termes d'objectifs et de répartition du temps, afin d'aider chaque collaborateur à libérer son potentiel et exprimer ses talents.

La priorité est de permettre à chacun d'exploiter à fond ses domaines d'excellence pour en faire un atout décisif. Cet objectif facile et motivant mérite qu'on y consacre, en gros, 30 % du temps alloué aux actions de formation. L'objectif suivant, facile et motivant également, sera de découvrir et d'expérimenter l'inconnu. On consacrera aussi 30 % de son temps à cette deuxième priorité. La troisième consistera à perfectionner encore ses points forts pour en faire des domaines d'excellence, objectif plus difficile mais motivant auquel on accordera 20 % de son temps. Enfin, quatrième et dernière priorité, on emploiera le temps restant (20 %) à renforcer les fondamentaux pour développer un nouveau point fort à partir de ses points faibles, objectif difficile et moins motivant (cf. annexe 9, p. 236).

Le but n'est donc pas de transformer les individus en les clonant sur un même modèle, mais de permettre à chacun de progresser en fonction de ses propres caractéristiques.

Tout ceci n'est cependant pas suffisant : la formation efficace est celle qui développe aussi chez le participant l'envie d'exceller toujours davantage dans son métier, de s'y accomplir et de s'y dépasser. La façon dont elle renforce chez l'apprenant la confiance en ses compétences et le goût pour son métier est donc déterminante dans l'utilité de la formation.

Le leader révélateur de talents

À quoi sert un leader, sinon à repérer et libérer les talents ?

Il n'est pas nécessaire d'être un grand psychologue pour développer cette capacité. L'expérience montre qu'il faut mettre en application trois principes très simples.

Le premier principe consiste à rechercher ce que chaque individu a d'unique. On ne peut développer des talents que si on accepte que chaque collaborateur soit doté de caractéristiques spécifiques. Reconnaître chaque collaborateur dans son identité, c'est par exemple être capable de décrire précisément les points forts respectifs de chacun d'eux en situation professionnelle, écouter chacun spécifiquement avant de prendre une décision importante pour l'équipe, confier des missions différentes à chacun en fonction des profils et des talents, aider chacun à trouver sa place, unique, dans l'équipe et à construire son propre projet professionnel.

Le deuxième principe consiste à porter un regard bienveillant sur chacun de ses collaborateurs. Il s'agit, au fond, de voir les gens tels qu'ils sont, mais avec de l'admiration pour leurs qualités et de la tendresse pour leurs défauts. Ce regard bienveillant est primordial car il permet de repérer le talent derrière le travers irritant. Laurent « coupe les cheveux en quatre » et se noie dans les détails. Virginie critique systématiquement les idées nouvelles et trouve toutes les raisons pour lesquelles « ça ne marchera jamais ». Frédéric a toujours des idées de projets grandioses, sans aucune prise en compte des coûts, des risques ni des conditions pratiques de succès. Un leader révélateur de talents demandera à Frédéric de lancer des idées, à Virginie d'en identifier les risques, puis à Laurent de suivre l'avancement de chacune des conditions de succès identifiées. Au-delà, il exigera de chacun qu'il ou elle développe des compétences professionnelles de haut niveau dans des domaines complémentaires, en fonction de ses talents spécifiques.

Enfin, le troisième principe consiste à traiter chaque individu en fonction de son potentiel et pas seulement en fonction de ses réalisations. Or, ce potentiel est généralement très largement sous-estimé, comme l'ont montré les recherches du Dr. Anders K. Ericsson, professeur de psychologie à l'université de Floride. Celui-ci a étudié depuis trente ans la façon dont se construisent les compétences des personnes atteignant les plus hauts niveaux de performance dans des domaines aussi divers que la chirurgie, le football, la science, le golf, le jeu d'échecs, le Scrabble, le piano et la conception de logiciels[5].

La première expérience d'Ericsson, il y a trente ans, consista à entraîner une personne à entendre et ensuite répéter une série aléatoire de nombres. Avec le premier sujet, après environ vingt heures d'entraînement, la quantité de nombres avait augmenté de 7 à 20. La performance continua de s'améliorer, et après environ deux cents heures d'entraînement le sujet était capable de retenir des séries de plus de 80 nombres ! Dans toutes les disciplines qu'il étudia, Ericsson aboutit aux mêmes conclusions : les niveaux exceptionnels de performance ne sont liés ni à des prédispositions particulières, ni aux années d'expérience, mais à la quantité accumulée d'entraînement systématique, réalisé à chaque fois avec le but de progresser dans des tâches ou des gestes précis.

La principale condition, pour qu'un collaborateur atteigne un très haut niveau de performance, est donc la volonté de progresser. Et cela s'entretient et se développe par les encouragements sincères, les témoignages de confiance et la reconnaissance de chaque progrès.

Privilégier l'initiative

Stimuler l'initiative est le deuxième impératif des leaders de leaders.

Il y a du travail à faire ! Notamment en France, que les comparaisons internationales[6] classent dernière des pays d'Europe en ce qui concerne « la liberté de prendre des décisions dans son travail ».

On ne peut pas – par définition... – obliger les gens à prendre des initiatives. Un leader peut heureusement faire beaucoup d'autres choses : sélectionner et promouvoir en priorité des collaborateurs dotés d'un tempérament proactif, encourager expressément l'initiative, reconnaître le droit à l'erreur, fixer pour l'action un cadre fait de priorités et de valeurs plutôt que de règles et de procédures...

L'un des facteurs les plus déterminants est la façon dont le travail des collaborateurs est évalué. C'est la raison pour laquelle la transformation des systèmes traditionnels d'évaluation du personnel doit être aujourd'hui une priorité dans la plupart des grandes organisations. Beaucoup d'entreprises constatent en effet que les entretiens d'évaluation ne s'avèrent pas, en pratique, d'une grande utilité. Or, l'évaluation des performances des salariés est un processus déterminant pour le collaborateur, le manager et l'entreprise.

Le collaborateur a besoin de savoir ce qu'on pense de son travail et ce qu'on attend particulièrement de lui dans la période à venir. Il a aussi besoin de pouvoir exprimer ses perceptions, ses attentes et, le cas échéant, ses propositions et projets. Le manager a besoin d'orienter l'activité de chaque membre de son équipe, mais aussi d'aider chacun à capitaliser sur ses réussites et à prendre conscience des progrès attendus. Quant à l'entreprise, elle doit veiller à ce que les efforts de tous concourent à sa mission et à sa stratégie, à ce que tous les enseignements soient tirés des actions menées et à ce que ses priorités successives soient correctement déclinées à tous les niveaux.

Dans la réalité, l'entretien annuel d'évaluation est généralement bien loin de répondre à ces différents types d'attentes : inadapté pour piloter l'entreprise et évaluer ses managers, le management par objectifs l'est hélas encore davantage quand il s'agit d'apprécier la contribution individuelle de la masse des collaborateurs.

En effet, les inconvénients des objectifs fixés plus ou moins arbitrairement – évoqués à propos des managers * – s'appliquent à tous les salariés : absence de pertinence des objectifs fixés douze mois à l'avance dans des environnements souvent incertains et instables, stress et pénalisation objective des individus acceptant des objectifs élevés, coût d'opportunité pour l'entreprise des objectifs trop peu ambitieux fixés (et évidemment acceptés !).

Mais, s'agissant de la masse des collaborateurs, il apparaît d'autres inconvénients encore plus perturbants. Chacun sait qu'il est, en pratique, très difficile de fixer des objectifs précis et pertinents à la plupart des collaborateurs. Si fixer des objectifs de chiffre d'affaires à un vendeur peut s'effectuer plutôt facilement, la tâche se complique quand il s'agit de formuler les objectifs d'un adjoint RH, d'une assistante de direction, d'un cadre de bureau d'études, d'un directeur de la communication, etc.

S'il est parfois possible de résumer par un ou deux objectifs la contribution attendue d'un collaborateur au développement de l'entreprise – chiffre d'affaires pour un vendeur de produits simples, taux de satisfaction des clients pour un responsable d'accueil... –, l'exercice s'avère dans la pratique impossible dans la grande majorité des cas : trop de complexité, trop d'imprévisibilité, trop de critères.

Certains managers font donc le choix – implicite – de

* Cet aspect est détaillé au chapitre III, p. 79 et suiv.

multiplier les objectifs assignés à chacun de leurs collaborateurs, pour être sûrs de ne rien oublier. Ceci conduit le collaborateur, dans le meilleur des cas, à arbitrer entre ses différents objectifs. Il s'agit généralement pour lui d'atteindre les plus accessibles d'entre eux, quitte à sacrifier les autres... sans l'aval de personne ! L'autonomie et l'initiative du collaborateur – précieux en elles-mêmes – sont donc ici utilisées en fonction des intérêts immédiats de celui-ci et non en fonction des priorités de l'entreprise.

D'autres managers préfèrent opérer des choix plus courageux et centrer leurs collaborateurs sur un très petit nombre d'objectifs.

Le problème engendré par ce cas de figure est parfaitement illustré par une célèbre expérience consistant à demander à des volontaires d'observer une courte séquence vidéo[7]. Il s'agit d'un extrait de match de basket-ball opposant une équipe en maillot bleu à une autre équipe en maillot rouge. La consigne donnée aux participants est de compter soigneusement le nombre de passes effectuées entre les joueurs de l'équipe bleue. Pendant les quelques minutes de match présentées à l'écran, un homme déguisé en gorille court au milieu des joueurs, sans jamais toucher la balle. À un moment donné, il s'arrête même face à la caméra et se frappe la poitrine. Lorsqu'on stoppe le film et qu'on interroge les participants à l'expérience, tous sont capables de mentionner le nombre de passes effectuées entre les joueurs de l'équipe bleue. En revanche, seuls 20 % d'entre eux ont remarqué la présence du gorille ! Cette expérience, confirmée par d'autres, démontre à quel point la focalisation sur un objectif étroit tend à altérer notre capacité d'attention et donc à nous faire manquer des opportunités.

En outre, tous les dirigeants s'accordent – à juste titre – à affirmer qu'une des clés de succès à venir réside dans la capacité des équipes et des personnes à intégrer la transversalité, le travail en réseau et en mode projet.

Là où les bureaucraties mettent en place des procédures et des dispositifs de coordination lourds, coûteux et souvent peu opérants[8], les organisations efficaces visent à générer de la coopération spontanée entre leurs collaborateurs. Or, plus l'on focalise chaque collaborateur sur des objectifs individuels et des critères d'évaluation spécifiques, plus on empêche la coopération de s'établir. Chacun s'assure en priorité que ses tâches personnelles sont effectuées et que ses objectifs individuels sont atteints : aider les autres est secondaire, contribuer aux priorités de l'entreprise aussi. L'entreprise enferme ainsi ses collaborateurs dans une injonction paradoxale : « Collabore avec les autres... mais tu seras évalué(e) uniquement par rapport à tes propres objectifs. »

Enfin et surtout, lorsqu'on analyse en détail l'activité d'un collaborateur au travail, quel que soit le niveau de responsabilité de celui-ci, on découvre presque toujours que ce qu'il apporte de significatif à son entreprise a généralement peu à voir avec les objectifs qui lui ont été fixés, comme l'a démontré Jean-Pascal Lapra dans un livre passionnant[9] qui a largement inspiré ce chapitre.

Certes, il est important que ce collaborateur dispose de points de repère pour comprendre ce que l'entreprise attend de lui. Mais, dans les organisations d'aujourd'hui, la véritable valeur de la prestation délivrée par le collaborateur à son entreprise réside très largement dans les initiatives que prend celui-ci. Il peut s'agir d'actions de grande envergure mais aussi, très simplement, de faire face aux difficultés quotidiennes : aider un collègue à résoudre une panne ou à boucler un dossier compliqué, apporter une suggestion utile à l'occasion d'une réunion de service, contribuer à l'avancement d'un projet non programmé, faciliter la résolution d'un petit conflit entre deux personnes de différents services de l'entreprise... Il suffit, pour s'en convaincre, de poser à n'importe quelle personne travaillant en entreprise les deux questions suivantes : « Qu'avez-vous fait de plus important, au bénéfice de votre entreprise, depuis deux ou trois ans ? Cette réalisation faisait-elle partie de vos objectifs ? » Plus d'une personne sur deux répond « non », sans hésiter, à la seconde question !

Le management par objectifs est donc devenu non seulement largement inefficace, mais aussi potentiellement contre-productif dans la mesure où il incite à la conformité et non à l'initiative.

Enfin, la lecture des comptes rendus d'entretiens individuels d'évaluation, dans la plupart des entreprises, démontre que, quelle que soit la bonne volonté du manager, l'appréciation repose généralement sur des opinions, que celles-ci soient positives (« fait preuve de dynamisme », « innovant »...) ou négatives (« pas très bien organisé », « a tendance à adopter des comportements peu coopératifs »)... Ces évaluations sont donc peu fiables et pas toujours bien acceptées par les personnes concernées. Leur utilité est rarement avérée.

Existe-t-il une autre forme d'évaluation de la performance des collaborateurs ?

Évaluer par la contribution aux progrès

Devant l'inefficacité des méthodes traditionnelles, la première étape consiste à se demander quelles sont les véritables finalités d'un système d'évaluation. La plupart des DRH prêtent à l'évaluation des buts multiples : décliner les objectifs de la direction, assurer la convergence et la complémentarité des actions, orienter l'activité des collaborateurs, motiver, sanctionner, promouvoir...

Et si l'on acceptait l'idée qu'il s'agit aussi et d'abord de donner à chaque collaborateur l'assurance que sa contribution aux progrès de l'entreprise sera reconnue ? Cette idée très simple repose sur trois postulats essentiels : ce qui importe, ce sont les progrès de l'entreprise ; chaque collaborateur peut contribuer à ces progrès ; il est impossible de prévoir avec précision la façon dont un collaborateur va contribuer aux progrès de l'entreprise.

On comprend alors qu'il faut réunir trois conditions afin que le collaborateur contribue le plus pleinement aux progrès de l'entreprise : celui-ci pense que sa contribution sera reconnue ; il connaît les priorités de l'entreprise et sait repérer les opportunités d'y contribuer ; l'évaluation prend en compte l'ensemble de la contribution du collaborateur aux progrès. Détaillons chacun de ces trois points.

Premier point : le collaborateur pense que sa contribution sera reconnue. Le besoin de reconnaissance de l'être humain est essentiel. On sait aujourd'hui qu'un nourrisson peut supporter la privation de nourriture plus facilement que l'absence de signes d'attention. Des bébés souffrant d'une insuffisance pondérale, quand ils sont massés trois à quinze minutes par jour, démontrent une prise pondérale supérieure de 50 % à celle des bébés non massés[10]. On sait également que les adolescents privés de signes de reconnaissance suffisants sont enclins à susciter activement les punitions pour échapper à la pire des sanctions : l'indifférence. Dans le domaine professionnel, il est nécessaire que l'individu sache que ses efforts, ses réalisations et ses progrès – ou, au contraire, son éventuelle inaction ou ses éventuelles fautes – ne passeront pas inaperçus. De ce point de vue, l'existence et la programmation d'un entretien professionnel approfondi, annuel ou si possible semestriel, sont un élément positif.

Deuxième point : le collaborateur peut exploiter toutes les opportunités de contribuer aux progrès de l'entreprise. Afin que l'individu aille au-delà de la simple conformité aux instructions qui lui sont données, il faut qu'il maîtrise deux, voire trois niveaux d'information. D'une part, il peut se voir allouer quelques objectifs. Ceux-ci n'ont d'intérêt que s'ils expriment précisément un résultat attendu dans un délai donné, et que si cette attente apparaît comme naturelle et légitime au regard des autres paramètres de l'entreprise. Par exemple, « boucler la maquette de la brochure du salon avant le 31 mars » semble un objectif pertinent si le collaborateur contribue à préparer un événement précisément daté. D'autre part, l'individu doit comprendre les missions fondamentales qui lui sont assignées.

Chez L'Oréal, par exemple, on distingue intelligemment les objectifs, qui sont assortis d'indicateurs précis et concernent une période déterminée, et les responsabilités clés qui sont les missions essentielles et permanentes attachées à une fonction. Ainsi, un responsable de grands comptes pourra avoir, parmi ses objectifs, celui d'accroître en un an la marge brute de 1,5 point sur son portefeuille d'affaires. Une de ses responsabilités clés sera par exemple d'informer régulièrement sa direction de l'évolution de la politique d'achats de chacun de ses clients et de proposer une stratégie appropriée.

Passer en revue avec le collaborateur ses responsabilités clés, au moins une fois chaque année, est particulièrement utile. Cela évite que le collaborateur ne se focalise sur quelques objectifs quantitatifs ponctuels au détriment des missions qui lui sont assignées de façon plus permanente.

Enfin et c'est l'essentiel, le collaborateur doit impérativement être informé des priorités de l'entreprise. Certes, la plupart des dirigeants pensent que leurs collaborateurs sont « forcément » au courant de la stratégie de l'entreprise ! Celle-ci leur est fréquemment communiquée et rappelée par les réunions générales, les journaux internes, les communiqués de presse, les e-mails spécifiques avec lien sur l'intranet, etc. Pourtant, malgré les moyens déployés, les baromètres sociaux démontrent quasiment partout que les salariés, dans leur majorité, affirment ne pas connaître les orientations de leur entreprise. Ces orientations sont en effet généralement formulées dans des termes abstraits, qui imposent à chaque individu un difficile effort de transposition concrète. C'est pourquoi il est indispensable que les priorités de l'entreprise et leurs implications fassent l'objet d'une discussion avec le collaborateur. C'est un des rôles clés du manager que de traduire les priorités de l'entreprise en priorités pour chacun de ses collaborateurs.

Avec des variantes et des spécificités selon les entreprises et leur stratégie, ces priorités tournent principalement autour de quatre notions essentielles. La croissance : innovation, conquête des marchés, fidélisation des clients ; la rentabilité : maîtrise des prix de vente et des coûts, recherche d'économies ; la qualité : celle des produits et celle du service au client ; enfin, la cohésion : climat social, coopération entre les équipes.

Ce qui importe, c'est que chaque collaborateur comprenne comment il peut contribuer à chacune de ces priorités. Il doit d'abord faire le lien entre ses propres missions – ainsi que ses éventuels objectifs individuels – et les priorités de l'entreprise. Mais il doit surtout comprendre que, chaque fois qu'il prend une initiative – dans le cadre ou non de ses missions et de ses objectifs – il peut contribuer à l'une des priorités de l'entreprise. Lorsqu'un technicien accepte de dépanner un collègue en difficulté, il contribue à la qualité du service au client. Quand une assistante propose de simplifier et d'alléger la documentation remise à l'ensemble de la force de vente, elle contribue aux progrès de la rentabilité et peut-être même à la croissance. Le collaborateur comprend ainsi que son rôle est de contribuer aux progrès de l'entreprise : par la parfaite exécution des missions qui lui sont confiées, mais aussi et surtout par les multiples initiatives, petites ou grandes, qu'il pourra prendre pour se rendre encore plus utile.

Troisième point : l'évaluation prend en compte l'ensemble de la contribution du collaborateur aux progrès. Contrairement à la pratique la plus courante dans les entreprises, les entretiens et fiches d'évaluation ne doivent pas être uniquement fondés sur l'examen des objectifs fixés atteints par l'individu. Ils doivent être menés sur tous les faits significatifs [11] de la contribution du collaborateur aux progrès de l'entreprise.

Ces faits sont recensés autant par le manager que par le collaborateur lui-même. Certains sont significatifs d'une contribution positive : l'atteinte d'un objectif bien sûr, mais aussi la progression d'un indicateur, la résolution d'un problème, la formulation d'une suggestion utile, une intervention décisive auprès d'un client ou d'un fournisseur, etc. Il peut s'agir de contributions normalement attendues, dans le cadre des missions confiées, mais aussi de contributions qui excèdent les attentes initiales du manager. D'autres faits peuvent malheureusement révéler une contribution négative : non-atteinte d'un objectif, mais aussi recul d'un indicateur, persistance d'un problème déjà signalé, apparition d'incidents mettant en cause des clients, des fournisseurs ou des collègues, etc. Ces faits, positifs et négatifs, sont d'une importance variable. Il est important de les hiérarchiser de façon à ce que la discussion sur des détails ne finisse pas par faire perdre de vue les éléments de contribution les plus marquants.

La préparation de l'entretien est donc cruciale : il

s'agit de recenser les faits les plus significatifs que l'on a observés au cours de la période, puis de qualifier ces faits en fonction de leur importance pour l'entreprise et de leur statut par rapport aux attentes initiales du management (conforme, inférieur ou supérieur).

L'évaluation est alors possible sur la base de la contribution du collaborateur aux progrès de l'entreprise, libérant l'individu de la dictature des objectifs, libérant l'entreprise du cloisonnement entre les services et entre les individus, favorisant et reconnaissant l'initiative.

S'évaluer pour apprendre et entreprendre

On en vient alors à l'un des aspects principaux de l'évaluation par la contribution aux progrès : la vertu pédagogique de celle-ci.

D'une part, le manager doit renforcer chez chaque collaborateur la conscience de sa responsabilité et de sa contribution. La partie est gagnée quand chacun des collaborateurs réalise qu'à son niveau, il a le pouvoir d'agir, de proposer, d'intervenir, de prendre des initiatives. Pour cela, certaines questions clés sont à poser au collaborateur : « Au-delà des missions et tâches précises qui vous avaient été confiées, qu'avez-vous entrepris par vous-même ? Avec quels résultats ? Quels enseignements en tirez-vous ? »

D'autre part, l'une des finalités de l'entretien d'évaluation est de renforcer la compréhension par le collaborateur des priorités de l'entreprise et des multiples façons dont il peut contribuer à celles-ci. Lorsque le manager et le collaborateur passent en revue les faits significatifs, il est important que chaque fait soit relié à l'une ou l'autre des priorités de l'entreprise. Là encore, les questions sont déterminantes : « Comment cette réalisation contribue-t-elle aux priorités de l'entreprise ? » (cf. annexe 10, p. 237).

Ainsi, à l'occasion de chaque entretien, le collaborateur intègre un peu mieux ces priorités ; cette compréhension croissante lui permet d'accroître sa capacité d'initiative au service de l'entreprise. Un cercle vertueux s'est mis en place.

L'optimisme, facteur de performance

L'une des clés fondamentales de la réussite d'une entreprise, quelle qu'elle soit, réside dans le tempérament optimiste ou pessimiste de ses membres. Ce tempérament est en partie déterminé par les gènes et par l'éducation, mais il est largement influencé à tout âge par l'environnement [12]. De nombreuses recherches démontrent aujourd'hui à quel point l'optimisme joue un rôle essentiel dans la réussite [13].

Une expérience très intéressante a été menée sous la direction du psychologue Martin Seligman avec les nageurs de l'équipe olympique américaine, en 1988. Tous ces champions ont d'abord été soumis à une batterie de questionnaires de personnalité. Puis, quelques semaines plus tard et quatre mois avant les Jeux de Séoul, chacun d'eux a été piégé de la façon suivante : alors qu'il venait de nager à fond sur sa distance de course, le nageur se voyait communiquer par son entraîneur un « chrono » très décevant, nettement plus élevé que celui qu'il venait en réalité d'effectuer. Le nageur était évidemment déçu et déstabilisé. Après quelques minutes de repos, il lui était alors demandé de renouveler l'essai, sur la même distance. Allait-il faire mieux, moins bien ou simplement rééditer la même performance ? Les résultats de l'expérience sont les suivants : la moitié des nageurs de l'équipe a nagé moins vite la seconde fois, l'autre moitié a amélioré son « chrono ». Or, en croisant les performances et les résultats des questionnaires, on s'aperçut que tous ceux qui avaient amélioré leur performance avaient en commun une caractéristique de personnalité qu'aucun des autres ne possédait : l'optimisme. Le grand champion Matt Biondi, dont le questionnaire avait révélé un degré exceptionnel d'optimisme, a même battu son record personnel sur 100 yards papillon, lors de sa deuxième tentative *.

Il existe donc un lien direct entre optimisme et performance. Et l'optimisme ne suit pas seulement la performance, il la précède !

Les pessimistes pensent souvent que l'optimisme est béat et aveugle. Or, de multiples expériences prouvent au contraire que les personnes de tempérament optimiste adoptent des comportements à la fois plus persévérants et plus lucides que les pessimistes. D'abord, en cas de difficultés, les optimistes persévèrent presque toujours davantage que les pessimistes. Mais s'il y a plusieurs tâches à effectuer dont la première est impossible, les optimistes passent plus vite que les pessimistes à la tâche suivante.

---

* Quelques semaines plus tard, Matt Biondi remportait à Séoul sept médailles dont cinq d'or et battait quatre records du monde !

Pour l'entreprise, l'optimisme est donc une clé d'engagement, de persévérance et de lucidité des collaborateurs. Que demander de plus ? La chance ?

Il est certes paradoxal de prétendre agir sur la chance qui, par définition, paraît échapper à toute maîtrise. La chance est pourtant l'un des facteurs de succès les plus souvent invoqués par les chefs d'entreprises les plus remarquables pour expliquer leur réussite. Il n'est pas interdit de penser qu'au niveau d'une équipe ou même d'un collaborateur, la chance joue souvent un rôle essentiel dans la réussite d'un projet ou le développement d'une activité.

C'est pourquoi les travaux de Richard Wiseman, docteur en psychologie et directeur de recherche à l'université du Hertfordshire, quoique encore largement ignorés du monde de l'entreprise, sont d'un intérêt tout à fait exceptionnel[14]. D'abord prestidigitateur de haut niveau, Richard Wiseman s'est passionné pour les phénomènes d'illusion et a poursuivi des études de psychologie, jusqu'au doctorat. Il s'est rendu compte, au cours d'un tour de magie, que certains spectateurs se disaient fondamentalement chanceux et n'étaient donc pas étonnés, par exemple, de trouver d'emblée un billet de banque dans un jeu de cartes, alors que d'autres personnes déclaraient être poursuivies par la malchance dans tous les domaines de leur vie. Il a alors entamé des recherches pour comprendre les facteurs explicatifs de la chance et de la malchance. Il a réalisé des expériences considérables, grâce à des milliers de volontaires se classant eux-mêmes en trois catégories : personnes particulièrement chanceuses, particulièrement malchanceuses ou normalement chanceuses. Il a soumis ces milliers de personnes à de multiples tests, des questionnaires et dans certains cas à des interviews d'approfondissement. Il a ainsi pu démontrer que la propension à avoir de la chance n'était liée à aucun phénomène paranormal, pas plus qu'à de quelconques critères de quotient intellectuel ou d'origine sociale. Ses recherches ont établi que la chance est directement liée à certains traits spécifiques de psychologie et de comportement, dont il a établi la liste et une description précise.

Pour démontrer la validité de ses travaux, Richard Wiseman a même créé « l'école de la chance » et démontré que des personnes particulièrement malchanceuses pouvaient devenir beaucoup plus chanceuses et plus satisfaites de leur vie, en quelques semaines, en appliquant méthodiquement les principes identifiés chez les individus chanceux.

Parmi les facteurs clés de la chance, l'optimisme paraît essentiel. Une forme de question discriminante entre chanceux et malchanceux est celle qui consiste à demander aux gens la probabilité (entre 0 et 100 %) qu'un certain nombre d'événements leur arrive : de prochaines vacances formidables, recevoir la visite d'un ami lointain, ou au contraire contracter un jour une méningite, être victime d'un vol, etc. Au contraire des malchanceux qui formulent des pronostics pessimistes, les chanceux se montrent généralement optimistes. Une autre question discriminante entre chanceux et malchanceux est la suivante : « Pensez-vous qu'à long terme, même les événements négatifs joueront en votre faveur ? » Confrontées à un coup dur, les personnes optimistes mettent les bouchées doubles, convaincues que quelque chose de positif va finir par en sortir, et parviennent souvent à exploiter des opportunités que les personnes pessimistes négligent.

En définitive, sans optimisme la chance n'existe pas. Si l'optimisme apporte la performance et la chance, il ne reste plus qu'à espérer que les choses durent. Et justement...

Différentes études ont établi un lien entre l'optimisme et la santé, notamment en matière de rapidité de rétablissement après une intervention chirurgicale. Plus particulièrement, une étude [15] sur deux mille personnes a montré que les personnes de tempérament pessimiste développent davantage de cancers et de maladies cardio-vasculaires et même d'accidents que les personnes de nature optimiste.

L'épidémiologiste David Snowden [16] a étudié le cas de 678 religieuses âgées, dans la congrégation School Sisters of Notre Dame. Il a étudié les textes écrits par ces religieuses lors de leur entrée au couvent, lorsqu'elles avaient une vingtaine d'années. Il a découvert que celles qui avaient alors exprimé des sentiments positifs (bonheur, amour, espoir, gratitude, etc.) avaient eu une vie plus longue et plus productive que les autres. Leur risque de mortalité, à tout âge, était exactement inférieur de moitié à celui des religieuses qui avaient exprimé les sentiments les plus négatifs à leur entrée au couvent.

De même, il a été prouvé que, confrontées à des brochures d'information sur certains risques en matière de santé, les personnes optimistes passent plus de temps à lire les informations de mise en garde que les pessimistes, s'attachent particulièrement à celles qui les concernent (tabac pour les fumeurs, etc.) et modifient davantage leur comportement en fonction des informations négatives qui leur paraissent pertinentes.

En effet, les personnes optimistes développent des « illusions positives » utiles car celles-ci portent généralement non sur une quelconque négation du problème mais sur l'efficacité à attendre de la solution. Autrement dit, l'optimiste ne prétend pas qu'il n'est pas malade, mais il a la conviction qu'il peut guérir : alors, il entreprend ce qu'il faut pour faire face.

Ainsi, facteur de performance, de chance et de longévité, l'optimisme contribue à libérer le potentiel des individus. Comment le leader peut-il créer les conditions de cet état d'esprit ?

Le leader, générateur d'optimisme actif

Quel chef d'entreprise ne rêve pas d'avoir des collaborateurs performants dans leurs activités, chanceux dans leurs projets et robustes face aux dangers de la vie ?

Une expérience célèbre consiste à plonger des souris dans des bacs de liquide opaque et à les observer s'épuiser à surnager. Certaines souris ont pied à un endroit précis du bac et peuvent se reposer, d'autres non. Lorsqu'on met, dans un second temps, toutes les souris dans un autre bac où aucune d'elles ne peut prendre appui pour se reposer, on constate que les souris qui ont eu pied précédemment résistent beaucoup plus longtemps avant de se laisser couler. Cette expérience démontre que les souris sont capables d'apprendre l'optimisme ! L'homme en est donc certainement capable aussi. Comment l'y aider ?

Parmi les études les plus intéressantes sur les liens précis entre optimisme, motivation et performance figurent les travaux menés dans le domaine du sport de haut niveau par Christophe Gernigon, chercheur au laboratoire de psychologie appliquée au sport à l'INSEP[17]. Celui-ci a travaillé sur les facteurs responsables de la motivation des sportifs, la motivation étant définie comme « l'aspect dynamique et directionnel du comportement » : intensité, continuité, persévérance. Ses études ont démontré que la réaction face à l'échec était un déterminant majeur de la motivation et des performances du sportif.

En effet, dans le sport comme dans le domaine professionnel, l'échec génère chez certains individus une attitude de résignation qui peut se traduire par l'abandon de recherche positive de solutions, la réduction des efforts, l'anxiété, la tristesse, la colère, jusqu'à, dans certains cas, une dégradation plus générale de l'estime de soi. Savoir comment éviter ou limiter cette résignation et faire de l'échec un tremplin pour la réussite est donc essentiel.

Or, il apparaît que l'ampleur de la résignation est directement liée aux « attributions causales ». Le sportif peut en effet expliquer son échec par des facteurs personnels ou par des facteurs externes : l'arbitrage, les conditions météo, la malchance, etc. Il peut également l'attribuer à des causes permanentes, par exemple : « Ce type d'adversaire ne me réussit pas », ou transitoires : « Je n'étais pas encore suffisamment entraîné »... Il peut enfin l'expliquer par des raisons générales : « Je n'ai pas été assez rapide »..., ou par des raisons spécifiques : « Je ne suis pas monté assez tôt dans les phases offensives sur les ailes »... Il est bien évident qu'une explication par des facteurs purement extérieurs n'aidera pas le sportif à progresser.

Mais, en supposant que celui-ci endosse la responsabilité de l'échec, une explication de cet échec par des facteurs permanents et généraux engendrera un découragement pouvant aller jusqu'à la dépression. Inversement, il est établi que si les causes perçues sont spécifiques et transitoires, l'échec va motiver le sportif à progresser et améliorer très directement ses performances à venir.

L'impact de l'optimisme sur les résultats sportifs est impressionnant. Par exemple, l'étude de nombreuses interviews dans le domaine du basket-ball et du football américain a démontré que la façon dont les équipes analysaient leurs défaites auprès de la presse permettait de prédire la performance de ces équipes durant la saison en cours et même de la suivante !

On comprend donc le rôle majeur du coach sportif. Celui-ci doit non seulement aider le champion à analyser les causes de ses contre-performances, mais surtout s'assurer que celui-ci perçoit ces causes comme spécifiques et transitoires et acquiert la conviction qu'il peut agir dessus.

Tout manager en charge d'une équipe est aujourd'hui appelé à développer les compétences de ses collaborateurs : observer, guider, entraîner, conseiller, encourager... Tout ceci rappelle le rôle des coachs dans le monde du sport de haut niveau. Certes, contrairement à une équipe de champions, un groupe de collaborateurs en entreprise n'est pas uniquement composé d'individus surdoués et surmotivés. Mais, comme le coach sportif, le manager doit avoir à l'esprit trois conditions d'optimisme de ses équipes.

D'abord, il lui faut, par son propre comportement, montrer que la partie n'est jamais perdue... et que si une partie est perdue, une revanche est toujours possible. Dans des entreprises soumises à l'incertitude, aux menaces d'OPA, aux multiples réorganisations, le leader ne peut pas promettre la stabilité. Il ne peut même pas, dans certains cas, promettre que les individus conserveront leur emploi, voire un quelconque emploi dans l'organisation. Quand il est confronté à l'anxiété des personnes qui l'entourent, le leader a deux rôles : témoigner de la compréhension et diffuser de l'énergie. C'est une chose de comprendre l'inconfort et l'appréhension d'une personne ou d'une équipe, c'en est une autre de se montrer soi-même soucieux ou angoissé. Cela fait partie du rôle du leader que d'aider son équipe à vivre au présent lorsque le futur est flou, et de l'aider à vivre dans le long terme (« la vie continuera ! ») quand le court terme est incertain.

Ensuite, le manager doit donner du sens à la difficulté. Qu'il s'agisse d'un échec collectif (progrès insuffisant sur un indicateur, perte d'une affaire...) ou de la mauvaise performance d'un collaborateur, le leader a trois devoirs. Le premier est d'affronter la réalité, sans chercher à minimiser la portée de l'échec ni à accepter que la responsabilité en soit rejetée sur des tiers. Quand il y a échec, celui-ci incombe d'abord au manager lui-même – par construction – et aux collaborateurs concernés. Le deuxième devoir consiste à aider les collaborateurs concernés à identifier les causes transitoires et spécifiques du mauvais résultat, c'est-à-dire celles sur lesquelles une action est possible. Cette perception de la nature des raisons de l'échec est absolument déterminante pour l'optimisme ou le pessimisme des collaborateurs face aux défis à venir. Le troisième et principal devoir du leader est alors d'engager immédiatement avec ses collaborateurs les actions nécessaires pour agir sur les causes de la difficulté et préparer les succès à venir. Améliorer une procédure, revoir une répartition des rôles, organiser une formation complémentaire, beaucoup d'actions correctives sont possibles. Ces actions ont pour objectif premier de traiter la cause du problème, mais pour objectif second de générer l'optimisme actif.

Enfin, si la pédagogie de la difficulté est une fonction clé du manager coach, la pédagogie de la réussite l'est heureusement tout autant ! La troisième condition de l'optimisme consiste en effet à décoder les succès. Face à une réussite, le leader insiste sur les facteurs précis du succès – facteurs qu'il faudra à nouveau rassembler –, mais aussi sur les raisons plus structurelles et plus générales qui ont assuré le résultat. Naturellement, quand un succès fait suite aux actions menées après un précédent échec, il y a une opportunité fantastique d'apprentissage... et notamment du plus important : celui de l'optimisme.

En somme, révéler les talents individuels, encourager l'initiative, enseigner l'optimisme actif, c'est devenir « leader de leaders ». Favoriser dans l'entreprise un climat chaleureux et bienveillant, c'est aller encore plus loin. Des enquêtes menées par Gallup [18] auprès de plusieurs millions de salariés dans le monde démontrent que les collaborateurs qui déclarent avoir « un de [leurs] meilleurs amis au travail » sont, en proportion, 50 % plus nombreux que les autres à être satisfaits de leur travail et surtout sept fois plus nombreux à se déclarer totalement engagés dans leur vie professionnelle. Ainsi, un moyen efficace de renforcer le lien affectif entre les collaborateurs et l'entreprise est de renforcer le lien affectif entre les collaborateurs eux-mêmes ! Au lieu de travailler uniquement sur la fidélité du salarié à l'entreprise, il est utile de travailler aussi sur la fidélité qui se construit entre les personnes dans l'entreprise.

L'avenir appartient donc aux organisations qui sauront stimuler les talents, l'initiative, l'optimisme et donc le bien-être. Plutôt une bonne nouvelle, non ?

CONCLUSION

L'entreprise réconciliée

Il n'y a pas de fatalité au capitalisme sans projet humain, à la dictature du résultat financier trimestriel, au profond désengagement des salariés. Nous sommes au contraire convaincus que d'immenses gisements de progrès sont accessibles à chaque entreprise, à la société tout entière et à chaque individu au travail.

Oser inverser l'ordre des priorités

Aujourd'hui, l'heure est encore à la revanche de l'actionnaire : seuls les résultats financiers comptent, l'argent est devenu la valeur dominante.

La mondialisation a aussi apporté la revanche du client puis celle du métier : les entreprises gagnantes sont celles qui choisissent leurs clients et se concentrent sur leur cœur de métier – et savent inventer de nouveaux métiers.

Et l'homme ? Il est encore souvent traité comme un moyen, un coût et une variable d'ajustement, et non comme une finalité et un investissement créateur de richesses. Heureusement, les leaders pionniers osent inverser l'ordre des priorités. Inverser les priorités, c'est placer le collaborateur avant le métier, et le métier avant l'actionnaire. En effet, les collaborateurs compétents et heureux professionnellement rendent leurs clients heureux puis leurs actionnaires satisfaits. Trois cercles vertueux de progrès se mettent ainsi en place : le partage des résultats financiers récompense et encourage les collaborateurs à continuer à progresser ; le progrès de ces résultats nourrit une vision métier(s) de plus en plus ambitieuse ; l'augmentation de la création de valeur permet de rémunérer de mieux en mieux et de fidéliser les actionnaires (cf. annexe 11, p. 238).

L'exemple de Southwest Airlines, comme celui de CarnaudMetalBox, démontre à quel point la primauté de l'humain et la force d'une vision ambitieuse métier/client produisent des résultats financiers plus remarquables et plus durables que les stratégies de concurrents plaçant l'argent et l'actionnaire au sommet de l'échelle des finalités.

Réconcilier l'entreprise et la société

La France souffre, davantage que ses voisins européens, de multiples fractures : entre le peuple et les élites, entre la fonction publique et le secteur privé, entre le capital et le monde du travail. Même si les auteurs de ce livre ne prétendent pas détenir de solution miracle, beaucoup peut être fait pour créer une société participative, de partage et de confiance. Il est urgent de développer les quatre volets de la gestion participative, notamment pour les petites et moyennes entreprises, afin de réconcilier capital et travail.

Le premier volet de participation est lié au partage des responsabilités : sur le terrain, par la décentralisation généralisée, par la confiance a priori et le contrôle a posteriori, mais également au sein des conseils d'administration ou de surveillance par la présence d'administrateurs représentant les collaborateurs actionnaires. Le deuxième concerne le partage des progrès économiques, par les systèmes d'intéressement qui doivent être également décentralisés, encouragés et facilités. Le troisième a trait au partage des résultats annuels : la traditionnelle participation, à la formule complexe et devenue inadaptée, devrait céder la place au « dividende du travail », facilitant ainsi une répartition juste, transparente et motivante des profits entre quatre parties prenantes : la collectivité (par l'impôt), l'entreprise elle-même (par la part du bénéfice mise en réserve ou en report à nouveau pour réinvestissement), les actionnaires (grâce aux dividendes) et les collaborateurs (par le dividende du travail). L'ultime volet de participation est lié à l'actionnariat, qui doit être largement encouragé pour l'ensemble des collaborateurs, en vertu d'un droit nouveau à développer : le droit au patrimoine.

Les méthodes préconisées dans ce livre – visions économique et humaine, tableaux de bord de progrès comparés, identification et généralisation des meilleures pratiques... – peuvent s'appliquer à la fonction publique comme au secteur privé, rapprochant ainsi leurs logiques de développement. La mise en œuvre de mobilités au sein du secteur public et entre public et privé contribuera également à réconcilier le politique et l'économique.

Réconcilier l'entreprise et le citoyen, c'est aussi, de la part des dirigeants d'entreprises et des leaders politiques, faire rêver et donner confiance, en mettant en valeur les opportunités liées à la mondialisation et en osant formuler une vision ambitieuse pour chaque organisation, privée ou publique. Il leur faut également libérer le potentiel des organisations en osant passer d'une logique de l'obéissance à une dynamique de la responsabilité.

Pour y parvenir, il faut du bon sens, de la volonté et surtout du courage. Mais nous faisons le pari que beaucoup de dirigeants économiques et politiques n'en manquent pas et que beaucoup désirent contribuer au progrès, à condition qu'ils soient convaincus qu'ils en seront acteurs et, pour partie, bénéficiaires.

L'épanouissement individuel au travail

Développer une dynamique de la responsabilité, c'est libérer le potentiel de chaque individu et faire en sorte que chacun devienne plus engagé et plus heureux professionnellement.

Les principes et les outils présentés dans ce livre ont pour objet de donner à l'homme au travail toute sa place en créant un environnement dans lequel chacun peut développer la fierté de contribuer à une œuvre durable et utile, dans lequel les talents et les compétences de chacun sont reconnus, respectés et cultivés, dans lequel chacun puise non seulement un emploi et un salaire, mais aussi un supplément d'optimisme et d'énergie pour réussir pleinement sa vie : dans son travail et sa vie privée, tant les deux sont aujourd'hui souvent liés.

L'entreprise ne peut certes pas tout : le bon sens populaire rappelle qu'« on ne peut pas faire le bonheur des gens à leur place ». C'est à chacun qu'il appartient d'adhérer ou non aux buts de l'organisation au sein de laquelle il agit, de trouver ses propres façons de contribuer au progrès, de développer ses compétences, par la formation et l'accès aux meilleures pratiques internes et externes, et d'exploiter ses espaces de liberté, grâce au droit à la prise de risque, à l'expérimentation, à l'erreur.

Ainsi, il y a toujours une partie du chemin que l'individu ne peut faire que lui-même. Tout le monde connaît des personnes débordant d'énergie et rayonnant dans des situations pourtant difficiles et d'autres qui, bénéficiant de toutes les chances, les facilités et les attentions, se plaignent en permanence, tels des enfants gâtés. Sans une prise de conscience de chacun de sa part de responsabilité dans son épanouissement professionnel, l'entreprise peut sembler impuissante, confrontée à toujours plus d'attentes, de revendications et de récriminations.

Cependant, l'entreprise peut au moins créer les conditions du déclic. Des expériences récentes [1] démontrent qu'en faisant réfléchir ensemble, en petits groupes, des collaborateurs sur les conditions de leur épanouissement individuel au travail, on constate des changements impressionnants. Après trois ou quatre séances de deux heures, animées avec une méthode précise, les participants déclarent « voir [leur] travail autrement » et y avoir « trouvé de nouvelles satisfactions ». La progression mesurée en termes de satisfaction au travail dépasse les 30 % !... Et ceci chez des collaborateurs aux fonctions modestes autant qu'à des postes de management. On note souvent des conclusions comme : « J'ai compris qu'il fallait aussi que les choses viennent de moi, ne pas subir, ne pas tout attendre de l'entreprise. »

Les visions économique et humaine apportent du sens et réconcilient les actionnaires et le personnel. Les « tableaux de bord » de progrès comparés stimulent l'engagement de toutes les équipes et produisent des performances bien supérieures à celles issues des techniques budgétaires et planificatrices. La croissance des actifs immatériels crée de la valeur actionnariale par d'autres moyens que la réduction systématique des coûts salariaux. Enfin, les leaders de leaders font « grandir » leurs collaborateurs et accélèrent l'innovation et la productivité.

Ces leaders de leaders doivent aujourd'hui créer et animer cette entreprise réconciliée et performante. Ainsi, ils permettront à chaque homme ou femme, à tout niveau de l'organisation, de mobiliser son cœur, ses compétences et son courage afin de réaliser des progrès collectifs et individuels tout au long de sa vie professionnelle. Certains dirigeants le feront par humanisme, d'autres par souci d'efficacité économique et financière. Mais tous devraient se souvenir d'une réflexion de Yannick Noah, alors capitaine de l'équipe de France de Coupe Davis de 1991. Alors que les journalistes lui demandaient le secret de sa victoire historique et inespérée, Noah avait répondu : « Nous nous sommes donné du bonheur, car le bonheur précède la performance. »

Nous espérons avoir fait partager au lecteur notre croyance en l'homme, notre passion pour l'entreprise de progrès et notre confiance en la capacité des hommes et des entreprises à bâtir un avenir qui en vaille la peine *.

---

* Commentez ce livre et apportez votre témoignage sur le blog : http://www.lentreprisereconciliee.typepad.com. Notre vœu est que ce blog devienne un forum de progrès !

Annexes

ANNEXE 1

Le « tableau magique » ou la dynamique du progrès

Les différentes phases évolutives du tableau de synthèse de Marie (cf. chapitre II, p. 68).

A

Points faibles	Points forts
– relationnel – reporting	– évaluation – sécurité

B

Points faibles	Points forts
– reporting – *prévision*	– – évaluation – *relationnel*

C

Points faibles	Points forts	Excellence
– reporting – *prévision*	– évaluation – *relationnel*	– sécurité

D

Points faibles	Points forts	Excellence	Leadership
– reporting – *prévision*	– évaluation – *relationnel*	– sécurité	–

E

Inconnu	Points faibles	Points forts	Excellence	Leadership
–	– reporting – *prévision*	– évaluation – *relationnel*	– sécurité	–

ANNEXE 2

Le plan à cinq ans ou la grande illusion

Les plans à cinq ans tendent à reporter l'essentiel de la croissance à la fin du plan, puisqu'on connaît les obstacles d'aujourd'hui et qu'on ignore ceux de demain ! Sur le papier, la courbe de croissance typique d'un plan – le « hockey stick » – est bien souvent la suivante (cf. chapitre IV, p. 94) :

Courbe de croissance typique d'un plan à cinq ans

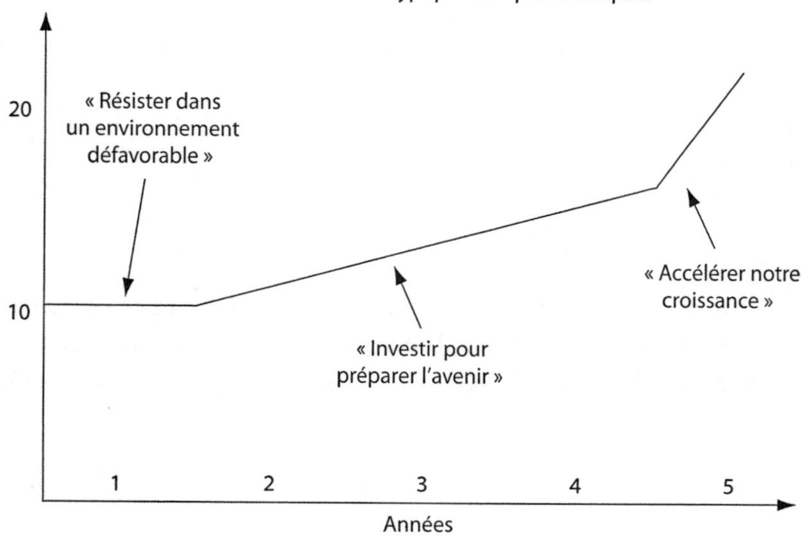

ANNEXE 3

Les visions successives ou le défi aux lois de la vie

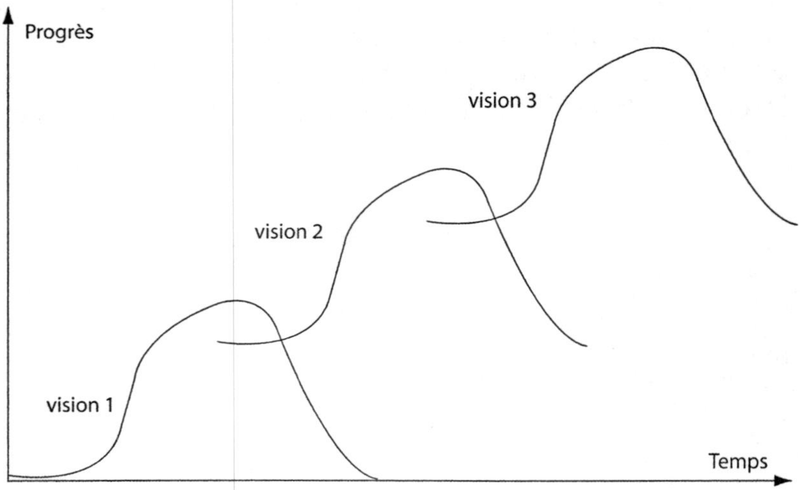

Grâce à ces visions successives, l'entreprise peut construire des succès durables, avec des taux de croissance élevés sur de très longues périodes (cf chapitre IV, p. 103).

ANNEXE 4

Le pilotage par comparaison des progrès

	Chiffre d'affaires initial	Budget chiffre d'affaires	Progrès en chiffre d'affaires	Rentabilité initiale (en % du CA)	Budget rentabilité	Rentabilité constatée	Progrès en rentabilité
Unité	100	+ 4 %	+ 5 %	5 %	5,5 %	4 %	- 1 point de CA
Concurrent 1	60	n.d.	+ 5 %	6 %	n.d.	3 %	- 3 points de CA
Concurrent 2	180	n.d.	+ 10 %	4 %	n.d.	2 %	- 2 points de CA
Concurrent 3	240	n.d.	+ 15 %	8 %	n.d.	4 %	- 4 points de CA
Moyenne meilleurs concurrents	160	n.d.	+ 10 %	6 %	n.d.	3 %	- 3 points de CA
Écart entre l'unité et ses meilleurs concurrents	n.s.	n.d.	- 5 points	n.s.	n.d.	+ 1 point	+ 2 points de CA

Dans l'exemple ci-dessus :

– Si on évalue l'unité par rapport à son budget, on se satisfait de la croissance de 5 % et on porte une appréciation négative sur la rentabilité.

– Si on évalue la même unité par comparaison de ses progrès avec ceux de ses trois meilleurs concurrents, on arrive à une conclusion totalement différente : la croissance de l'unité est inférieure à la moyenne de celle de ses trois meilleurs concurrents, et notamment inférieure à celle du meilleur. En revanche, l'unité a mieux résisté que ceux-ci à la chute de la rentabilité qui affecte le secteur.

Ce deuxième mode d'évaluation est évidemment plus pertinent que la comparaison avec les seuls objectifs (cf. chapitre v, p. 140).

ANNEXE 5

Les progrès humains, à la fois causes et finalités

Carnaud 1986 versus 1985

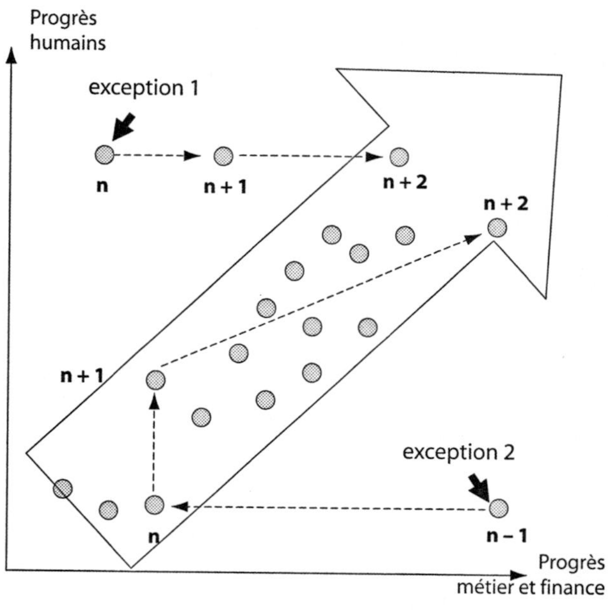

Un des 43 centres de profit ou de résultat de Carnaud

Exception 1 : le responsable a été nommé DRH et son successeur, meilleur gestionnaire économique a rapidement profité des investissements humains qui avaient été réalisés.

Exception 2 : le responsable – remarquable gestionnaire technique et commercial mais sous-investissant dans l'humain – a vu ses progrès économiques exceptionnels se tarir après trois ans. Il a alors investi dans l'humain et a pu progresser à nouveau sur le plan économique et financier en deux ans.

Lire chapitre v, page 143.

ANNEXE 6

Capital immatériel : bâtir la croissance (première étape)

	Aujourd'hui	**Aujourd'hui**	**Dans 12 mois**	**Dans 12 mois**	
	Capital immatériel	**Notation**	**Capital immatériel**	**Notation**	**Potentiel de progrès**
Global	**150**	**D**	**250**	**B**	**100**
Humain	50	B	100	A	50
Clients	30	C	50	B	20
Actionnaires	20	D	50	B	30
Marques	10	E	10	E	0
Organisation	5	D	5	D	0
S.I.	5	D	5	D	0
Savoirs	20	C	20	C	0
Partenaires	10	D	10	D	0

Pour construire la croissance du capital immatériel, une méthode possible (imaginée dans le cadre du Cercle Finance 100 et de l'Observatoire de l'immatériel) consiste, dans un premier temps, à faire une estimation approximative, puis de plus en plus précise de la répartition de la valeur du capital immatériel entre les huit principales familles d'actifs concernés, à procéder ensuite à la notation de chaque famille, par rapport aux acteurs du même secteur, puis à déterminer le niveau de valeur accessible pour une période déterminée, et donc à en déduire le potentiel de progrès à exploiter (cf. chapitre VI, p. 168).

ANNEXE 7

Capital immatériel : bâtir la croissance (seconde étape)

	Potentiel de progrès A	Coûts annuels actuels	Investissements supplémentaires pour obtenir les progrès B	Rapidité d'obtention C	Priorités de progrès = (A – B) x C	Critères de mesure du progrès
Global	**100**	100				
Humain	50	20	10	1	40	
Clients	20	20	10	2	20	
Actionnaires	30	5	5	3	75	
Marques	0	20	ns			
Organisation	0	10	ns			
S.I.	0	15	ns			
Savoirs	0	5	ns			
Partenaires	0	5	ns			

Pour construire la croissance du capital immatériel, la deuxième étape consiste à considérer le potentiel de progrès spécifique visé dans chaque famille d'actifs (cf. première étape), à évaluer les coûts actuellement engagés, annuellement, au service de ces actifs, à estimer ensuite les investissements nécessaires pour exploiter le potentiel de progrès recherché, enfin à prendre en compte la rapidité d'obtention probable de ces progrès. Il devient alors possible de choisir des priorités d'action et de définir des critères de mesure des progrès dont l'évolution sera communiquée au marché (cf. chapitre VI, p. 168).

ANNEXE 8

Dynamique du progrès : application à un individu

A
(Cf. chapitre VII, p. 185)

Points faibles	Points forts
– aisance dans la conduite des réunions – inexpérience en management de projet	– maîtrise des outils de simulation – connaissance du marché

B
(Cf. chapitre VII, p. 185)

Points faibles	Points forts	Domaines d'excellence
– aisance dans la conduite des réunions – inexpérience en management de projet	– maîtrise des outils de simulation	– connaissance du marché

C

(Cf. chapitre VII, p. 185)

Inconnu	Points faibles	Points forts	Domaines d'excellence
– management de projet	– aisance dans la conduite des réunions	– maîtrise des outils de simulation	– connaissance du marché

ANNEXE 9

Dynamique du progrès : application à la formation

Inconnu	Points faibles	Points forts	Excellence
« Je n'y ai jamais pensé » ou : « Je n'ai jamais vraiment essayé »	« J'essaie, mais je n'arrive pas à faire bien » ou : « Je fais assez bien, mais pas assez systématiquement »	« Je le réussis naturellement » ou : « Je m'applique à le réussir »	« Je le réussis comme personne »
Objectif : « Découvrir et expérimenter »	Objectif : « Renforcer les fondamentaux » pour développer un nouveau point fort	Objectif : « Perfectionner encore » pour en faire un talent	Objectif : « Exploiter à fond » pour en faire un atout décisif
Facile et motivant	Difficile et peu motivant	Difficile mais motivant	Facile et motivant
Priorité n° 2	Priorité n° 4	Priorité n° 3	Priorité n° 1
Temps à consacrer : 30 %	Temps à consacrer : 20 %	Temps à consacrer : 20 %	Temps à consacrer : 30 %

Source : Tableau extrait du *Manuel des consultants formateurs*, de Korda & Partners.

Lire chapitre VII, p. 186-187.

ANNEXE 10

Entretien d'évaluation : qualification des faits significatifs

L'une des finalités de l'entretien d'évaluation est de renforcer la compréhension par le collaborateur des priorités de l'entreprise et des multiples façons dont il peut contribuer à celles-ci (cf. chapitre VII, p. 201).

Faits significatifs	Indicateurs	Importance	Niveau de contribution	Priorité de l'entreprise
Progrès du taux de service	+ 3 points (conforme à la moyenne des progrès dans le service)	***	Conforme aux attentes	Qualité du service au client
Incident avec le service méthodes	Problème non résolu (réunion du mois dernier)	*	En deçà des attentes	Cohésion et esprit d'équipe
Participation spontanée à l'équipe de crise suite à l'incendie	Appel de tous les clients concernés	**	Au-delà des attentes	Qualité du service au client

Source : d'après Jean-Pascal Capra, *L'Évaluation du personnel dans l'entreprise : pour une nouvelle approche*, Liaisons, 2006.

ANNEXE 11

Oser inverser l'ordre des priorités

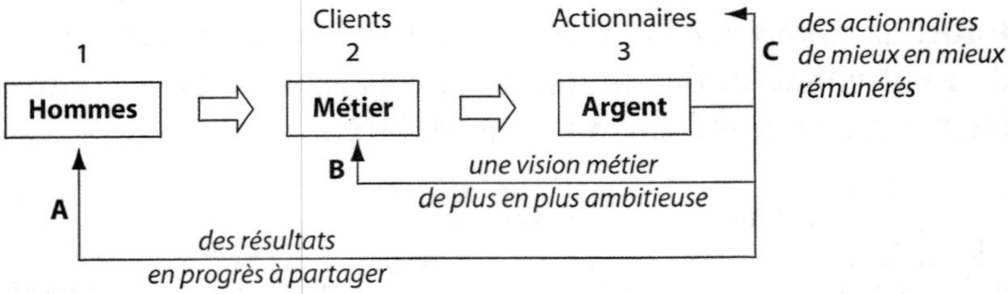

1, 2, 3 : l'ordre des **priorités**
A, B, C : *les trois cercles vertueux*

Voir conclusion p. 216.

NOTES

I. L'entreprise écartelée

1. Les résultats en sont résumés dans le livre de Baudelot et Gollac, *Travailler pour être heureux ?*, Fayard, 2003.

2. Source : Ipsos/Accor Services, Baromètre 2007 du Bien-Être et de la Motivation.

3. Citée par Stephen Covey dans *The Eight Habit*, Free Press.

4. Selon le ministère de la Santé du Royaume-Uni.

5. Selon le *New York Times*.

6. Lire Marcus Buckingham et Donald Clifton, *Découvrez vos points forts*, Village Mondial, 2001, rééd. 2002.

7. Enquête de TNS Sofres, menée en 2005 auprès d'un échantillon de 2 000 personnes représentatif de la population française âgée de 15 ans et plus.

8. Lire notamment Philippe Askénazy, *Les Désordres du travail*, Le Seuil, 2004.

9. Selon une étude récente menée par Harris Interactive, citée par Stephen Covey dans *The Eight Habit*, Free Press, 2006.

10. L'image est de Stephen Covey, *op. cit.*

11. Étude de Gallup Organization citée en décembre 2005 dans le *Gallup Management Journal*.

12. Étude réalisée par ISR auprès de 664 000 salariés dans le monde et publiée le 27 juin 2006.

13. Lire le *World Value Survey*, 2006.

14. Selon le sociologue Jean Viard, du CNRS, in *Les Échos*, 20 septembre 2005.

15. Cf. notamment les travaux de Patricia Linville, Yale, 1987.

16. Ces chiffres, ainsi que ceux qui suivent, sont extraits du livre d'Éric Le Boucher, *Économiquement incorrect*, Grasset, 2005.

17. Chiffres tirés de l'étude de Booz Allen Hamilton, « CEO, la fin d'une ère, étude sur le renouvellement des CEO des 2 500 plus grandes entreprises mondiales », New York, mai 2005.

18. Étude d'Ixis CIB citée par *L'Expansion*, n° 711 de septembre 2006.

19. Lire notamment Patrick Artus et Marie-Paule Virard, *Le capitalisme est en train de s'autodétruire,* La Découverte, 2007.

20. Pour une définition exacte de tous les termes de management, voir le site www.12manage.com.

21. Enquête menée en 1997 pour la Cegos par le cabinet de Pierre Rivard.

22. Le cas de Southwest a été particulièrement étudié par Charles-Henri Besseyre des Horts, professeur associé à HEC, qui l'a fait découvrir aux auteurs.

II. L'obsession du progrès

1. Mihaly Csikszentmihalyi, *Vivre*, Robert Laffont, 1994.

2. Cf. Allen Parducci, *La Mesure du bonheur*, Presses universitaires de Grenoble, 1999.

III. Le choix cumulatif

1. Pitney Bowes est une des entreprises remarquables étudiées par Jim Collins dans son ouvrage *De la performance à l'excellence*.

2. Lire notamment leur excellent article « Your company's secret change agents », dans *Harvard Business Review*, Mai 2005.

3. Lire *1+1+1, Une révolution,* Grasset, 2002.

4. Lire par exemple *Grandeur et décadence de la planification stratégique*, Dunod, 2004.

IV. Le pilotage stratégique

1. Ce paragraphe reprend des extraits de l'excellent article de P. Escande consacré à Dassault Systèmes dans *Les Échos* du 9 mai 2007.

2. W. Chan Kim et Renee Mauborgne, *Stratégie Océan Bleu*, Village Mondial, 2005.

3. Michael E. Porter, *L'Avantage concurrentiel* et *Choix stratégiques et concurrence*, Dunod, 1997.

4. Michael Treacy et Fred Wiesema, *L'Exigence du choix*, Village Mondial, 1995, rééd. 2002.

5. Son livre *Renversons la pyramide* reste un excellent ouvrage de référence.

6. Cette idée est développée avec brio par Daniel H. Pink dans *A Whole New Mind*, Riverhead Books, 2006.

7. Lire notamment Jim Collins, *De la performance à l'excellence*, Pearson Education, 2006.

8. Source : Ipsos, Baromètre 2007 du Bien-Être et de la Motivation.

9. Source : Ipsos/Accor Services, 2007.

10. Cette découverte de Gallup Organization a été commentée dans de nombreux ouvrages, dont Rodd Wagner et James K. Harter, *12 : The Elements of Great Managing*, Gallup Press, 2007.

V. Le pilotage opérationnel

1. Voir notamment « Manager contre vents et marées », déjà cité.

2. Lire notamment *Les meilleurs programmes de changement sont ceux qui commencent par des résultats*, dans *Le Changement*, Harvard Business Review, Éd. d'Organisation, 2000.

VI. Le pilotage de la valeur

1. Chiffres au 1er juin 2005.

2. L'Union européenne a rendu obligatoire, pour toutes les sociétés européennes cotées, la préparation de leurs états financiers consolidés selon les normes internationales IFRS (International

Financial Reporting Standards), afin de rendre les états financiers comparables les uns aux autres.

3. Norme IAS 38.

4. Norme IAS 36.

5. Chiffres à fin décembre 2004.

6. Chiffres de 2002.

7. Plusieurs informations ont été extraites des études publiées sur le site d'Aurel Nextstage : www.alnsv.com.

VII. L'animation des hommes

1. On doit à Peter Drucker la célèbre formule : « Management is about doing things right, leadership is about doing the right things. »

2. Lire notamment Claude Lévy-Leboyer, *La Personnalité : un facteur essentiel de réussite dans le monde du travail*, Éd. d'Organisation, 2005.

3. Cette idée a été largement développée par Marcus Buckingham et Curt Coffman dans *Manager contre vents et marées*, Village Mondial, 2001.

4. La formule est de Peter Drucker.

5. Lire notamment Anders K. Ericsson, *The Road to Excellence : The Acquisition of Expertise Performance in Arts and Sciences, Sports and Games*, Lawrence Erlbaum Associates, 1996.

6. Cf. le *World Value Survey*, 2006.

7. Cette expérience a notamment inspiré le livre de Richard Wiseman, *Did You Spot The Gorilla ?*, Arrow Books.

8. Ce phénomène a été analysé par François Dupuy dans *Le Client et le Bureaucrate*, Dunod, 1998.

9. Jean-Pascal Lapra, *L'Évaluation du personnel dans l'entreprise : pour une nouvelle approche*, Éd. Liaisons, 2006.

10. Expérience citée par les Dr Robert Ornstein et David Sobel dans *Les Vertus du plaisir*, Robert Laffont, 1992.

11. Pour davantage de détails sur ce concept, voir à nouveau Jean-Pascal Lapra, *L'Évaluation du personnel*, *op. cit.*

12. « Tout peut s'apprendre, même le courage », Malraux.

13. Lire les travaux de Martin E. P. Seligman et notamment *Learned Optimism*, Vintage Books, 2006.

14. Lire en priorité Richard Wiseman, *Notre capital chance*, J.-C. Lattès, 2003, ou de préférence la version originale *The Luck Factor*, Hyperion Books.

15. Citée par Christophe André dans *Vivre heureux*, Odile Jacob, 2004.

16. Cité par Jim Loehr et Tony Schwartz dans *The Power of Full Engagement*, Free Press, 2005.

17. Cf. Christophe Gernigon, « Motivation et préparation à la performance sportive », dans *Entraînement mental et sport de haute performance*, Les Cahiers de l'INSEP.

18. Tom Rath, *Vital Friends*, Gallup Press, 2006.

Conclusion : l'entreprise réconciliée

1. Expériences conduites par Korda & Partners au sein de trois grandes entreprises.

BIBLIOGRAPHIE

Claude ALLÈGRE, *La Défaite de Platon*, Fayard, 1995.

Christophe ANDRÉ, *Vivre heureux – psychologie du bonheur*, Odile Jacob, 2004

Patrick ARTUS et Marie-Paule VIRARD, *Le capitalisme est en train de s'autodétruire*, La Découverte, 2007.

Philippe ASKÉNAZY, *Les Désordres du travail*, Le Seuil, 2004.

Christian BAUDELOT et Michel GOLLAC, *Travailler pour être heureux ?*, Fayard, 2003.

Larry BOSSIDY et Ram CHARAN, *Execution : The Discipline of Getting Things Done*, Crown Business, 2002.

Marcus BUCKINGHAM et Curt COFFMAN, *Manager contre vents et marées, Développer les talents dans l'entreprise*, Village Mondial, 2001 (nouv. éd. 2005), traduit de l'américain par Sabine Rolland, titre original : *First, Break All The Rules.*

Marcus BUCKINGHAM et Donald CLIFTON, *Découvrez vos points forts dans la vie et au travail*, Éditions Village Mondial, 2001 (nouv. éd. 2003) ; titre original : *Now, Discover Your Strengths.*

Ian CARLZON, *Renversons la pyramide,* InterÉditions, 1986 (nouv. éd. 1999).

W. CHAN KIM et Renee MAUBORGNE, *Stratégie Océan Bleu*, Village Mondial, 2005.

COLLECTIF, *Entraînement mental et sport de haute performance*, Les Cahiers de l'INSEP, 1998.

Jim Collins, *De la performance à l'excellence*, Pearson Education, 2006 ; titre original *Good To Great*.

Stephen Covey, *La 8e habitude*, Éd. Générales First, 2006, titre original : *The Eight Habit*, Free Press.

Mihaly Csikszentmihalyi, *Vivre*, Robert Laffont, coll. « Réponses », 1994 ; titre original : *Flow*, 1990.

François Dupuy, *Le Client et le bureaucrate*, Dunod, 1998.

–, *La Fatigue des élites*, Le Seuil, coll. « La République des idées », 2005.

Anders K. Ericsson, *The Road to Excellence : The Acquisition of Expertise Performance in Arts and Sciences, Sports and Games*, Lawrence Erlbaum Associates, 1996.

Christophe Gernigon, *Entraînement mental et sport de haute performance*, Les Cahiers de l'INSEP.

Alexandre Jardin, *1+1+1, Une révolution*, Grasset, 2002.

Peter Koestenbaum, *The Inner Side of Greatness, a Philosophy For Leaders*, Jossey-Bass, 2002.

Jim Kouzes et Barry Posner, *Le Défi du leadership*, Éd. AFNOR Gestion, 1991 ; titre original : *The Leadership Challenge*.

Jean-Pascal Lapra, *L'Évaluation du personnel dans l'entreprise : pour une nouvelle approche*, Éd. Liaisons, coll. « Entreprises & Carrières », 2006.

Richard Layard, *Happiness, Lessons From a New Science*, The Penguin Press, 2005 (nouv. éd. 2006).

Éric Le Boucher, *Économiquement incorrect*, Grasset, 2005.

Meryem Le Saget, *Le Manager intuitif*, Dunod, 2003 (nouv. éd. 2006).

Claude Lévy-Leboyer, *La Personnalité : un facteur essentiel de réussite dans le monde du travail*, Éd. d'Organisation, 2005.

Jim Loehr et Tony Schwartz, *Le Pouvoir de l'engagement total*, Éd. ADA, 2005 ; titre original : *The Power of Full Engagement*, Free Press.

Henry Mintzberg, *Grandeur et décadence de la planification stratégique*, Dunod, 2004.

Robert Ornstein et David Sobel, *Les Vertus du plaisir*, Robert Laffont, 1992.

Allen Parducci, *La Mesure du bonheur*, Presses universitaires de Grenoble, 1999 ; titre original : *Happiness, Pleasure and Judgement : The Contextual Theory and Its Applications.*

Thomas Philippon, *Le Capitalisme d'héritiers : la crise française du travail*, Le Seuil, coll. « La République des idées », 2007.

Daniel H. Pink, *A Whole New Mind, Why Right-Brainers Will Rule the Future*, Riverhead Books, 2006.

Michael E. Porter, *L'Avantage concurrentiel*, Dunod, 1997, traduit de l'américain par Philippe de Lavergne ; titre original : *Competitive Advantage.*

–, *Choix stratégiques et concurrence*, Economica, 1982 ; titre original : *Competitive Strategy.*

Tom Rath, *Vital Friends*, Gallup Press, 2006.

Frederick F. Reichheld, *L'Effet loyauté : réussir en fidélisant ses clients, ses salariés et ses actionnaires*, Dunod, 1999.

Martin E. P. Seligman, *Learned Optimism*, Vintage Books, 2006.

Richard Tanner Pascale et Jerry Sternin, « Your company's secret change agents », *Harvard Business Review*, mai 2005.

Michael Treacy et Fred Wieserma, *L'Exigence du choix : trois disciplines de valeurs pour dominer ses marchés*, Village Mondial, 1995 (nouv. éd. 2002) ; titre original : *The Discipline of Market Leaders.*

Rood Wagner et James K. Harter, *12 : The Elements of Great Managing*, Gallup Press, 2007.

Richard Wiseman, *Notre Capital chance*, J.-C. Lattès, 2003 ; titre original : *The Luck Factor*, Hyperion Books.

–, *Did You Spot The Gorilla ?*, Arrow Books.

Index

TABLE

OUVRAGES DE PHILIPPE KORDA

Vendre et défendre ses marges, Dunod, 1994, 3e édition 2005.

Réussir vos entretiens de management, Insep Consulting, 2004.

Composition Nord Compo
Impression Bussière, en septembre 2007
Editions Albin Michel
22, rue Huyghens, 75014 Paris
www.albin-michel.fr
ISBN 978-2-226-18052-0
N° d'édition : 25337. – N° d'impression : 073199/4
Dépôt légal : octobre 2007
Imprimé en France.